技工院校汽车类专业教材（中级技能层级）

中等职业学校汽车类专业教材

汽车性能与检测

（第三版）

季小峰　主编

中国劳动社会保障出版社

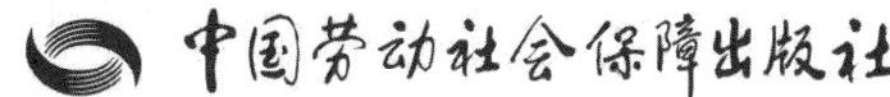

简介

本书主要内容包括汽车动力性检测、汽车燃料经济性检测、汽车制动性能检测、汽车操纵稳定性检测、汽车前照灯检测、汽车环保性检测、汽车噪声检测、汽车车速表检测、汽车防雨密封性检测等。

本书由季小峰任主编，刘书琴、蔡爱萍、于正太、倪飞、陈康、刘翔、周立永、祁金华参与编写，艾娜任主审。

图书在版编目（CIP）数据

汽车性能与检测 / 季小峰主编 . -- 3版. -- 北京 : 中国劳动社会保障出版社，2025. -- (技工院校汽车类专业教材)（中等职业学校汽车类专业教材）. -- ISBN 978-7-5167-6953-9

Ⅰ. U472. 9

中国国家版本馆 CIP 数据核字第 202574YW07 号

中国劳动社会保障出版社出版发行

（北京市惠新东街 1 号　邮政编码：100029）

*

北京市鑫霸印务有限公司印刷装订　　新华书店经销

787 毫米 ×1092 毫米　16 开本　12 印张　232 千字

2025 年 8 月第 3 版　　2025 年 8 月第 1 次印刷

定价：24.00 元

营销中心电话：400-606-6496

出版社网址：https://www.class.com.cn

https://jg.class.com.cn

前　言

为了更好地满足全国技工院校汽车类专业的教学要求，全面提升教学质量，我们组织有关院校的骨干教师和行业、企业专家，在充分调研企业生产和院校教学实际、广泛听取教材用户反馈意见的基础上，对技工院校汽车类专业教材（中级技能层级）进行了修订和新编。技工院校汽车类专业教材（中级技能层级）包括通用基础模块和汽车维修、汽车检测、汽车电器维修、汽车营销、汽车钣金与美容等五个专业方向模块。

其中，通用基础模块已在2022年完成全部修订（新编）工作，本次修订（新编）的是汽车维修、汽车检测和汽车电器维修三个专业方向模块，修订（新编）重点是：

第一，贯彻最新教育方针，明确人才培养目标。教材与人力资源社会保障部颁布的《技工院校汽车维修专业教学计划和教学大纲（2015）》《技工院校汽车电器维修专业教学计划和教学大纲（2015）》《汽车维修工国家职业技能标准（2018年版）》紧密对接，旨在提升学生的专业技能和知识水平，同时增强就业竞争力和社会适应能力。

第二，紧跟时代发展步伐，把握技术创新趋势。教材围绕汽车专业技术领域的最新发展，根据汽车类专业毕业生所从事岗位的需要和教学实际情况变化，合理确定学习目标，对内容的深度、难度做了适当调整，同时注重综合职业能力培养，充实新知识、新技术、新材料、新工艺等方面的内容，体现教材的先进性，并引用最新国家技术标准，使教材更加科学、规范。

第三，突出汽车专业特色，创新教材表现形式。教材选取当前市面上广泛使用的汽车车型和汽车行业案例作为教学载体，增加了实操内容在教材中的比重，充分体现职业教育特色。同时，为激发学生的学习兴趣，力求让学生更直观地理解和掌握所学内容，教材大量使用高质量的实物图片，多数教材采用四色印刷，图文并茂，进一步提高了教材的可读性。

第四，构建教学资源体系，优化教学服务水平。为方便教师教学和学生学习，教材配有发电子课件、习题册和习题册参考答案，部分教材还配有工作页、技能训练学生手册和微视频，以满足不同教学模式的使用需求。其中，电子课件、习题册参考答案、微视频可通过技工教育网（https://jg.class.com.cn）下载使用或在线观看。

编者

2024 年 8 月

目录

模块一　绪论

汽车使用性能是指汽车在一定的使用条件下，以最高效率工作的能力。汽车在使用过程中随着行驶里程的增加，汽车的技术状况会逐渐变差，导致其动力性、经济性、可靠性、安全性下降，环境危害增加，故障率上升，严重时汽车不能正常运行。这不仅对汽车的运行安全、运行消耗、运输效率和成本以及环境造成较大的影响，还会直接影响汽车的使用寿命，并会产生不良的社会影响。

汽车检测是评价汽车性能、判断故障原因、考核维修质量的重要手段，是车辆运输业汽车技术管理的主要内容。对汽车实行定期和不定期安全运行以及环境保护方面的检测，目的是在汽车不解体的情况下建立安全的监控体系，确保汽车具有符合要求的外观和车貌、良好的安全性能和环境相容性，在安全、高效和低污染状态下运行。

任务 1　汽车使用性能

学习目标

1. 熟悉汽车使用性能的主要指标。
2. 熟悉汽车使用性能各参数的含义。

汽车使用性能决定汽车利用的效率和方便性。评价汽车工作效率的指标是汽车的运输生产率和成本，是对运输生产率、成本与汽车结构之间内在联系的研究，确定汽车的主要使用性能。汽车常用的使用性能有容载量、使用方便性、动力性、经济性、安全性、舒适性、环保性等。汽车使用性能的主要指标见表 1–1–1。

表 1-1-1　　汽车使用性能的主要指标

使用性能		评价指标
容载量		额定装载质量（t）；单位装载质量；货厢单位有效容积；货厢单位面积；座位数和可站立人数
使用方便性	操纵轻便性	每百千米平均操纵作业次数；操作力（N）；驾驶员座椅可调程度；照明、灯光、视野、信号完好程度
	出车迅速性	汽车冷启动暖车时间
	乘客上下车和装卸货物的方便性	车门和踏板尺寸及位置、货厢地板高度、货厢栏板可倾翻数、有无随车装卸工具
	可靠性和耐久性	大修间隔里程（km） 主要总成的更换里程（km） 可靠度、故障率（1/1 000 km） 故障停车时间（h）
	维修性	维护和修理工时 每千米维修费用 对维修设备的要求
	防公害性	噪声级 CO、HC、NO_X 排放量 电波干扰
燃料经济性		燃料消耗量（L/100 km）

使用性能		评价指标
速度性能		动力性、平均技术速度
越野性、机动性		汽车最小离地间隙、接近角、离去角、纵向通过半径、前后轴荷分配、轮胎胎纹及尺寸、轮胎对地面单位压力、前后轮辙重合度、低速挡的动力性、驱动轴数、最小转弯半径
安全性	稳定性	纵向倾翻条件 横向倾翻条件
	制动性	制动效能 制动效能恒定性 制动时方向稳定性
乘座舒适性	平顺性	振动频率 振动加速度及变化率 振幅
	设备完备	车身类型 空气调节指标 车内噪声指标（dB） 座椅结构

一、汽车的容载量

汽车的容载量是指汽车能够装载货物的数量或乘坐乘客的人数。汽车的容载量与汽车的装载质量、车厢尺寸、货物密度、座位数和站立乘客的地板面积等有关。

比装载质量和静态吨位利用率是用于评价载货汽车容载量的常用参数。

$$\text{比装载质量}=\frac{\text{汽车装载质量}}{\text{车厢容积}}$$

$$\text{静态吨位利用率}=\frac{\text{实际载货量}}{\text{额定载货量}}\times 100\%$$

比装载质量、静态吨位利用率表示汽车对各种货物需要的适应能力，决定了某车型装载何种货物能够装满车厢，或能充分利用汽车的全部装载能力。

二、汽车质量利用

汽车质量利用用于描述汽车整备质量与装载质量之间的关系。评价汽车质量利用的优劣时用汽车整备质量利用系数。

$$\text{汽车整备质量利用系数}=\frac{\text{汽车装载质量}}{\text{汽车整备质量}}$$

汽车整备质量利用系数的提高是现代载货汽车制造技术进步的重要标志之一，该系数反映车型的设计和制造水平，也能间接反映汽车的使用经济性。使用轻型材料，应用强度高、质量轻的高强度铝合金和复合材料都可以提高汽车整备质量利用系数。

汽车整备质量利用系数随装载质量的增加而提高。轻型货车整备质量利用系数约为1.1，中型货车约为1.35，重型货车为1.3～1.7。自卸货车因改装使整备质量增加，整备质量利用系数比非自卸货车低。

三、汽车的使用方便性

汽车的使用方便性是一项综合使用性能，可表示汽车在运行过程中，驾乘人员的舒适性和疲劳程度，以及保证货物的完好性和装卸货物的方便性。

1. 操纵的轻便性

操纵的轻便性决定了驾驶员的工作条件，对减轻驾驶员的疲劳和保证行车安全具有重要作用，其主要评价指标有操纵力、驾驶操作次数、驾驶员座椅与调整参数、驾驶员的视野参数等。

（1）驾驶员控制操纵机构的力一般用测力计测定。为了减轻驾驶员的操纵力，汽车转向系统常设有转向助力装置；汽车制动系统常设有制动助力装置。

（2）驾驶员的驾驶操作次数通常用换挡、踩离合器和制动器踏板的次数表示。驾驶操作次数是通过该类车在常用路况的典型道路上的试验确定，并将试验路段上各类操作次数换算为100 km行程的操作次数。为排除由于驾驶员技术水平和操作习惯差异产生的影响，可选用多辆同型号的汽车进行试验。

（3）驾驶员座椅构造和操纵杆件的配置是否舒适方便，对汽车使用方便性的影响较大。为了保证不同身高的驾驶员都能有适合的驾驶操作姿势，驾驶员座椅应具有多维调节的功能，即可沿水平方向和垂直方向调节，座椅与靠背的倾角也可调节；同时，转向盘的位置还应能根据驾驶员的需要进行调节，如图1–1–1所示。现代乘用车的驾驶员座椅多采用电动座椅，其调节是通过电动机实现的，只需扳动相应的控制键就可调节座椅，无须改变身体的坐姿即可完成座椅的调节。电动座椅与车载计算机结合在一起，使座椅具有记忆功能，对座椅信息参数实现智能化管理。计算机可将调节参数存储，当再次乘坐时，只需要按动按键，便可轻松获得之前存储的适合个人需要的设定，一般可有 2～4 个记忆组数。

图 1–1–1　可调节转向盘

（4）为了提高汽车的操纵轻便性，各种操纵机构应操作方便。仪表盘中设置有显示速度、机油压力、机油温度、冷却液温度、燃料消耗量以及电参数等状态的显示仪表。当工况参数进入临界值时，发出声、光信号，以便驾驶员及时掌握车辆状况。显示仪表应具有必需的显示精度，便于驾驶员观察，如图 1–1–2 所示。

a）

b）

图 1–1–2　汽车显示仪表

a）燃油汽车显示仪表　b）电动汽车显示仪表

（5）驾驶员的视野性能主要取决于座椅的布置、高度，坐垫和靠背的倾角，车窗尺寸、形状、布置和支柱的结构等。

（6）在驾驶室内应设有空调、通风装置等。

2. 乘客上下车的方便性

乘员上下车的方便性主要取决于车门的布置（乘用车）和车门踏板的结构参数，即车门踏板的高度及车门的宽度。车门踏板的高度应与日常生活中所习惯的楼梯台阶相同。公共汽车的踏板可设计成高度可调式或自动升降式。如图 1–1–3 所示的公共汽车，采用无障碍“低地板”的结构，以方便乘客上下车。

a)

b)

c)

图 1–1–3 采用无障碍“低地板”结构的公共汽车

a）全车一级踏板 b）翻转踏板 c）与站台连成通道

3. 装卸货物的方便性

装卸货物的方便性是指车辆对装卸货物的适应性，可用车辆装卸货物所耗费的时间和劳动力来评价。装卸货物方便性的结构因素有货厢和车身地板的装卸高度，从一面、两面、三面或上面装卸货物的可能性，厢式车车门的构造、布置形式和尺寸，有无随车装卸货物的装置等。物流快递运输使用“飞翼厢”装卸货物更方便，如图 1–1–4 所示。

图 1-1-4　物流快递运输使用的“飞翼厢”

四、汽车的燃料经济性

汽车的燃料经济性是指在保证汽车动力性的基础上，尽可能少地消耗燃油的能力。汽车的燃料经济性通常用一定运行工况下汽车行驶 100 km 的燃料消耗量（L/100 km）或一定燃油量使汽车行驶的里程来衡量。

汽车的燃油费用占运输成本的 30% 以上，因此，燃料经济性对汽车的运输成本有很大影响。

五、汽车的动力性

汽车的动力性是指汽车在良好、平直路面上直线行驶时所能达到的平均行驶速度。汽车是一种高效率的运输工具，汽车的运输效率很大程度上取决于汽车的动力性。汽车的动力性越好，平均行驶速度越高，其运输效率也就越高。因此，汽车的动力性是汽车最基本、最重要的性能。

六、汽车的通过性

汽车的通过性是描述汽车通过能力的性能指标，又称越野性能。它是指汽车在一定的载质量下，能以足够高的平均车速通过各种路面或无路的地带，如松软的土壤、沙漠、雪地、沼泽等松软路面，以及坎坷不平路段和各种障碍，如陡坡、侧坡、台阶、水障等的能力。

根据地面对汽车通过性的影响因素，汽车通过性可分为支撑通过性和几何通过性。汽车的通过性主要取决于道路情况及汽车的结构参数和几何参数，同时还与汽车的其他性能，如动力性、平顺性、机动性、稳定性、视野性等密切相关。

七、汽车的机动性

汽车在最小面积内转向和转弯的能力被称为汽车的机动性，其也表示汽车能够通过狭窄弯曲地带或绕开不可越过障碍物的能力。汽车装卸货物场地的尺寸、停车库（场）通道的宽度和车辆维修时所需的场地面积等，都与汽车的机动性有关。

八、汽车的安全性

汽车的安全性一般分为主动安全性、被动安全性、事故后的安全性和生态安全性。

1. 汽车的主动安全性

汽车的主动安全性是指汽车防止或减少道路安全性交通事故发生的性能。影响汽车主动安全性的因素有汽车的制动性、操纵稳定性、行驶平顺性、驾驶员视野、汽车灯光、汽车超车加速能力等。这些因素体现的是汽车防止或减少交通事故的能力。

2. 汽车的被动安全性

汽车的被动安全性是指发生交通事故后，汽车减轻人员伤害程度或货物损失的能力。

3. 汽车事故后的安全性

汽车事故后的安全性是指汽车能减轻事故后果的性能，主要包括能否迅速消除事故后果，同时避免新的事故发生。

4. 汽车的生态安全性

汽车的生态安全性是指发动机尾气污染、汽车行驶噪声和电磁波等对环境的影响。

九、乘坐舒适性

汽车的乘坐舒适性在很大程度上取决于座椅的结构。座椅的结构应符合人体工程学的各项要求，为乘坐人员提供最舒适的乘坐姿势和自由空间。

汽车座椅的结构参数主要有座位的宽度和深度、靠背高度和倾角以及座椅上乘员的自由空间。座椅应具有良好的柔和性，通常用振动特性（振幅、频率）和消振速度来评价。座椅上乘坐人员的自振频率与车身振动频率的比值为1.6~2.0时，座椅的舒适性最好。

另外，车身的密封性还能保证驾驶室和乘员空间不受发动机尾气排放的污染，防止尘土侵入，具有保暖、供冷、通风、调温等功能也是提高乘坐舒适性的重要措施。

十、最大连续行驶里程

汽车最大连续行驶里程 L_T 是指油箱加满燃油后能够连续行驶的最大里程。最大连续行驶里程与汽车的技术水平（汽车运行燃料消耗量）有关，汽车运行燃料消耗量也取决于车辆的实载率、道路条件、行驶速度等使用因素。因此，汽车最大连续行驶里程将随汽车使用条件的变化而变化。合适的汽车最大连续行驶里程可减少汽车行驶途中因加油而停车的次数，提高汽车运输效率。

汽车的各种性能有的是相互联系的，有的则相互对立，如动力性与经济性。因此，各种不同用途的汽车其性能有所侧重，即使同一类型的汽车其性能也有差异。汽车的使用性能除与汽车本身的因素有关外，还与汽车行驶条件有关，如气候条件、道路条件和运输条件等。

任务 2　汽车检验机构

学习目标

1. 熟悉汽车检验机构的任务和类型。
2. 了解汽车检测线的组成和工位布置。
3. 熟悉汽车检测线的设备与检测项目。
4. 了解汽车检验机构的检测工艺流程。

汽车检验机构是综合运用现代检测技术，对运输车辆技术状况进行监督、检测和技术服务的机构。汽车的检测诊断工作是在具有若干必需的技术装备并由一定工艺流程组成的汽车检测线上进行的。

一、汽车检验机构的任务

汽车检验机构能对汽车的动力性、经济性、安全性、可靠性等性能以及噪声和污染排放状况等进行全面检测，可代表交通运输管理部门对车辆的技术状况和维修质量进行监控，保证车辆运行安全，提高运输效率，降低运行消耗。汽车检验机构的主要任务如下：

1. 依法对在用运输车辆的技术状况进行检测和诊断。

2. 依法对车辆的维修竣工质量进行检测。

3. 接受委托，对车辆改装、改造、延长报废期及其有关新工艺、新技术、新产品、科研成果鉴定等项目进行检测，提供检测结果。

4. 接受公安、环保、商检、计量、保险和司法机关等部门的委托，为其进行有关项目的检测，提供检测结果。

公安部要求，对于公路上行驶的汽车，必须定期到汽车检验机构进行安全性能和环保性能检测；交通运输部要求，对于运营中的车辆，必须定期到检验机构进行综合性能

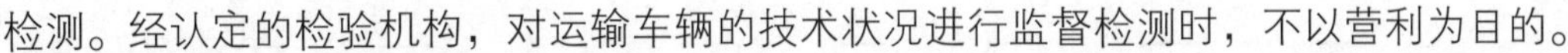

检测。经认定的检验机构，对运输车辆的技术状况进行监督检测时，不以营利为目的。

二、汽车检验机构的类型

汽车检验机构可以根据不同的分类标准进行分类，以下是常见的两种分类：

1. 按检测性质分类

按检测性质分类，汽车检验机构可以分为安全技术检测站、综合性能检测站和排气污染物检测站。安全技术检测站主要负责车辆的年检，检查车辆的安全性能；综合性能检测站针对营运车辆，检查车辆的综合性能；排气污染物检测站负责车辆的环保检测，检测车辆的排放是否达标。

2. 按服务功能分类

按服务功能分类，汽车检测站可以分为安全检测站、维修检测站和综合检测站。安全检测站主要进行车辆的安全性能检测；维修检测站侧重于车辆的维修质量检测；综合检测站综合进行车辆的安全、动力、环保等多方面的性能检测。

综合检测站又可分为 A 级站、B 级站和 C 级站。不同级别的检测站承担的检测项目和范围有所不同。

（1）A 级站能全面承担检测站的任务，即能检测车辆的制动、侧滑、灯光、转向、前轮定位、车速、车轮动平衡、底盘输出功率、燃料消耗、发动机功率和点火系统状况以及异响、磨损、变形、裂纹、噪声、尾气排放等状况。

（2）B 级站能承担在用车辆技术状况和车辆维修质量的检测和评定，即能检测车辆的制动、侧滑、灯光、转向、车轮动平衡、燃料消耗、发动机功率和点火系统状况以及异响、变形、噪声、尾气排放等状况。

（3）C 级站能承担在用车辆技术状况的检测，即能检测车辆的制动、侧滑、灯光、转向、车轮动平衡、燃料消耗、发动机功率以及异响、噪声和尾气排放等状况。

A 级站和 B 级站出具的检测结果证明，可以作为维修单位维修质量的凭证。

三、汽车检测线的组成

检测车间内的检测线具体承担检测任务，是各类检验机构的核心。汽车检测线由多个工位组成，布置形式为直线通道式，即检测工位按一定顺序分布在直线通道内，有利于流水作业。

1. 汽车安全技术检测线的组成和工位布置

汽车安全技术检测线的主要检测内容包括侧滑、轴重、制动、前照灯、喇叭声级、车速表和排放污染物等。检测项目的结合、工位的设置因实际情况的不同有差异，通常设置 3～5 个工位。典型的四工位安全技术检测线的工位布局，如图 1-2-1 所示。

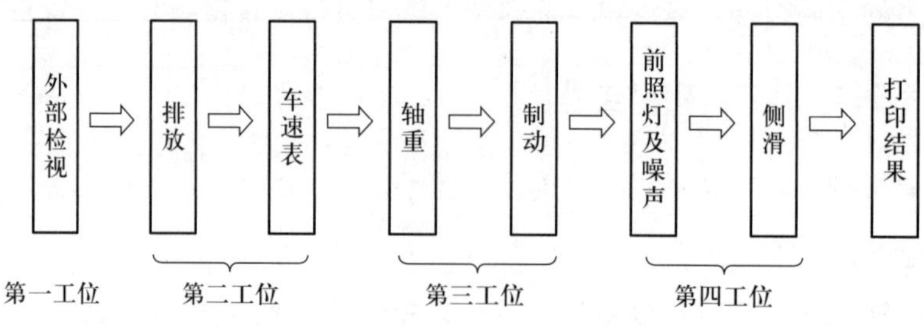

图 1-2-1　四工位安全技术检测线的工位布局

（1）外部检视工位（第一工位）

外部检视工位设置在室外，主要进行车辆唯一性确认、整车装备完整有效性检查等。外部检视放在第一道工序，是为其他检测项目打好基础，如有外部检视关键项不合格的车辆，不得进入下一道工位检测。

（2）排放、车速表工位（第二工位）

排放、车速表工位的检测项目是排放检测、车速表检测、车底外观检查、汽车底盘间隙检测、汽车使用可靠性检测等。本工位配置的主要设备有不分光红外分析仪、不透光烟度计、车速表校验检测台、汽车底盘间隙检测台等；另外还配有地沟，用于车底外观及可靠性检查。

（3）轴重、制动工位（第三工位）

轴重、制动工位进行轴重和制动检测，主要检测各轴轴重、各轮制动力、制动力平衡、车轮阻滞力、驻车制动力、制动系统协调时间。本工位配置的检测设备有制动试验台、轴重计或带有轴重检测功能的制动试验台。

（4）前照灯、噪声及侧滑工位（第四工位）

前照灯、噪声及侧滑工位的检测项目是前照灯发光强度、光束照射位置、喇叭声级、车轮侧滑量等。本工位配置的主要设备有汽车前照灯检测仪、声级计和双滑板式侧滑试验台。

这种检测线工位布局的主要特点是：各工位检测项目搭配恰当，工位停留时间短，检测效率高；各工位布局合理，污染严重的排放检测项目放在检测线入口处，便于及时排出尾气、碳烟，减少车辆排放对检测现场的空气污染；噪声较大的高怠速尾气检测、自由加速烟度检测、40 km/h 车速下的车速表误差检测也都放在检测线入口处，有利于噪声向外传播，以减少对检测车间内的噪声污染。

2. 汽车综合性能检测线的组成和工位布置

综合性能检测机构通常将规定的各种检测项目设置为较多工位，依据检测类别，按一定顺序布置成综合性能检测线。典型的十工位综合性能检测线的工位布局如图 1-2-2 所示。

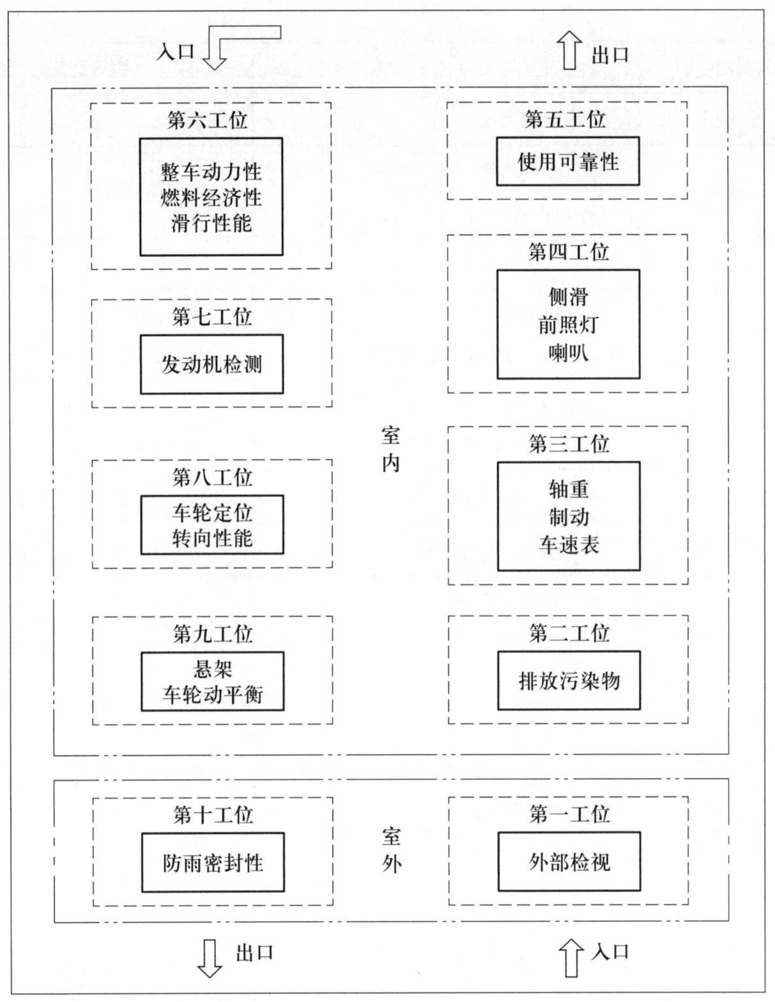

图 1–2–2　十工位综合性能检测线的工位布局

（1）检测工位的内容

各检测工位的主要检测内容、项目及设备见表 1–2–1。

表 1–2–1　　各检测工位的主要检测内容、项目及设备

工位号	检测内容	检测项目或参数	检测设备或设施
第一工位	外部检视	车辆唯一性确认、整车装备完整有效性检查	钢卷尺、钢直尺、轮胎压力表、轮胎胎纹深度尺
第二工位	排放污染物	点燃式发动机：HC、CO、NO_X	排气分析仪（带发动机转速显示）
		压燃式发动机：烟度、光吸收系数	滤纸式烟度计、不透光烟度计
第三工位	轴重、制动	轴重、制动力、制动力平衡、车轮阻滞力、制动协调时间、驻车制动力	反力式滚筒制动试验台或平板式制动试验台
	车速表	车速表示值误差	汽车车速表检测台

续表

工位号	检测内容	检测项目或参数	检测设备或设施
第四工位	侧滑	转向轮侧滑量	侧滑检验台
	前照灯	基准中心高度、远光光强、远近光光束中心偏移量	前照灯检测仪
	喇叭	喇叭噪声	声级计
第五工位	使用可靠性	发动机异响、底盘异响、总成紧固螺栓、主要部件间隙、重要部位缺陷	底盘间隙检测仪、地沟、扭力扳手、专用手锤和专用检验设备
第六工位	整车动力性	驱动轮输出功率、整车外特性曲线、加速性能、加速性能曲线	底盘测功机、油耗计、大气压力表、温度计、湿度计
	燃料经济性	等速百千米燃油消耗量	
	滑行性能	滑行距离、滑行时间	
第七工位	发动机检测	发动机技术性能、发动机性能参数、电子控制系统、电喷系统、气缸压力、机油污染指数	发动机综合性能检测仪、润滑油质分析仪、气缸压力表
第八工位	车轮定位	车轮前束值、车轮外倾角、主销内倾角、主销后倾角、推力角、转向20°时的张角和车轮轮距	前轮定位仪或四轮定位仪
	转向性能	转向盘自由转动量、转向盘操纵力、转向轮最大转角	转向盘转向力－转向角检测仪、转向轮转角仪
第九工位	悬架	吸收率、左右车轮吸收率差、悬架特性曲线、悬架效率、左右车轮悬架效率	悬架装置检测台
	车轮动平衡	车轮动平衡	就车式车轮动平衡机
第十工位	防雨密封性	车身淋雨试验	淋雨试验台或专用装置

（2）检测线工艺布局特点

1）检测线将所有检测项目划分为十个检测工位，其中八个室内工位、两个室外工位。将十个工位划分为两段：第一段为第一工位至第五工位，是常规必检项目，布置成一条线；第二段为第六工位至第十工位，是深入诊断项目，也布置成一条线。这种工艺有利于多条综合性能检测线的布局，可将第六工位至第十工位作为各条线的共享部分，室外的外部检视（第一工位）和防雨密封性（第十工位）也可共享。

2）检测线能适应流水作业，易实现自动控制和检测网络化，检测效率高。若每个工位都有一辆车在检测，则可实现十辆车同时在线检测。

3）检测线不仅能全面满足各项检测要求，而且可根据承担的检测任务，有效地进行检测项目和工位的灵活组合，合理地使用资源，使检测效率更高。

4）检测时，对车间的排放污染及噪声污染相对较少，原因是排放与噪声污染严重的第一工位、第六工位均设置在检测线的入口处，检测时有害气体可直接排到室外，也有利于噪声向外传播。

四、检测线的工位与检测项目

1. 汽车安全技术检测机构的工位和检测项目

根据国家标准《机动车运行安全技术条件》（GB 7258—2017）和国家标准《机动车安全技术检验项目和方法》（GB 38900—2020）的规定，汽车安全技术检验的方式、工位、项目、常用设备和工具见表 1–2–2。

表 1–2–2　　汽车安全技术检验的方式、工位、项目、常用设备和工具

检验方式	检验工位	检验项目	常用设备和工具
线外检验	外观检查	车辆唯一性认定、车身外观、发动机舱、驾驶室（区）、发动机运转状况、灯光信号、客车内部、底盘件、车轮	轮胎气压表、轮胎胎纹深度计、透光率计、钢卷尺（20 m 和 5 m 各一）、钢直尺（50 cm）、铅锤、转向盘转向力－转向角检测仪、照明器具
	底盘动态检验	转向系统、传动系统、制动系统	
线内检验	车速表	车速表指示误差	滚筒式车速表检测台
	排气污染物测量	汽油车：CO、HC 容积浓度值（双怠速法、怠速法），CO、HC 和 NO_X 容积浓度值（加速模拟工况法） 柴油车：自由加速试验排气可见污染物限值	汽油车排气分析仪、底盘测功机、滤纸式烟度计、不透光烟度计、发动机转速表、秒表
	台式制动性能检验	轮（轴）重、车轮阻滞力、车轮制动力、左右车轮制动力过程差、整车制动率、驻车制动力	反力式滚筒制动检验台、平板式制动检验台、秒表、踏板力计、轮（轴）重仪
	转向轮横向侧滑量	转向轮横向侧滑量	侧滑检验台
	前照灯	前照灯远光光束：远光光束发光强度、远光光束上下偏移量、远光光束左右偏移量 前照灯近光光束：近光光束的明暗截止线转角折点位置	前照灯检测仪、车辆摆正装置
	喇叭声级	喇叭声级	声级计
	地沟	转向系统、传动系统、行驶系统、制动系统、底盘其他部件、电气线路	专用手锤、汽车悬架转向系统间隙检查仪

续表

检验方式	检验工位	检验项目	常用设备和工具
路试制动	行车制动	充分发出的平均减速度、制动协调时间、制动稳定性或制动距离	便携式制动性能检测仪、第五轮仪、非接触式速度仪、踏板力计
	驻车制动	驻车制动性能	
	车速表	车速表指示误差	第五轮仪

2. 汽车综合性能检验机构的工位和检测项目

根据国家标准《汽车综合性能检验机构能力的通用要求》（GB/T 17993—2017），汽车综合性能检验机构的主要检测项目和仪器、设备、工具等见表 1–2–3。

表 1–2–3　　汽车综合性能检验机构的主要检测项目和仪器设备

序号	检测项目	主要检测指标	主要检测方法	主要设备、仪器、工具
1	车辆唯一性确认	车牌号码、车辆类型、发动机号、外廓尺寸、货车车厢栏板高度、客车座（铺）位数	人工检验及测量	钢卷尺、激光测距仪、汽车外廓尺寸检测仪
2	发动机技术性能	发动机功率、最低稳定转速、最高转速、单缸转速降、相对气缸压力、点火提前角、触点闭合角、分电器重叠角、供（喷）油提前角、火花塞点火电压、启动电流、启动电压、气缸压力、机油污染指数	仪器诊断；规定工况采样；数据自动处理、记忆、输出	发动机综合性能检测仪、润滑油质分析仪、气缸压力表
3	使用可靠性	发动机异响、底盘异响、总成紧固螺栓、铆钉、主要部件间隙、重要部位缺陷	扭力扳手、专用手锤检验；地沟或专用设备检验	底盘间隙检测仪
4	动力性	驱动轮输出功率、整车外特性曲线、加速性能、加速性能曲线	台架检验；人工采集测试现场环境要素；自动跟踪采样	汽车底盘测功机、大气压力表、温度计、湿度计
5	燃料经济性	等百千米燃油消耗量	台架检验；道路试验	汽车底盘测功机、油耗计、非接触式速度计或第五轮仪
6	整车滑行性能	滑行距离、滑行时间、滑行阻力	台架检验；道路试验	汽车底盘测功机（宜选配惯量模拟装置）、拉力计

续表

序号	检测项目	主要检测指标	主要检测方法	主要设备、仪器、工具
7	噪声控制	车辆定置噪声、客车车内噪声、驾驶员耳旁噪声、喇叭声级	场地测试或道路试验；仪器检验	声级计
8	车速表、里程表核准	车速表示值误差、里程表示值误差	台架检验	汽车车速表检测台、汽车底盘测功机
9	制动性能	轮（轴）重、制动力、制动不平衡力、车轮阻滞力系数、驻车制动力、制动协调时间、车轮产生最大制动力时的踏板力、制动距离、制动减速度、制动跑偏量、ABS 防抱死制动性能	台架检验；道路试验	轮（轴）重仪、反力式滚筒制动试验台或平板式制动试验台、制动踏板力计、驻车制动操纵力计、非接触式速度计或第五轮仪、制动性能检测仪或非接触式速度计、ABS 防抱死制动试验台
10	转向操纵性	转向自动回正能力、转向盘自由转动量、转向盘操纵力、转向轮最大转角、转向轮侧滑量、车轮定位	道路试验	转向盘转向力-转向角检测仪、转向轮转角仪、侧滑检验台、前轮定位仪或四轮定位仪
11	前照灯性能	基准中心高度、远光光强、远光光束中心垂直方向上下偏角（或偏距）、远光光束中心水平方向左右偏角（或偏距）、近光光束中心垂直方向上下偏角（或偏距）、近光光束中心水平方向左右偏角（或偏距）	仪器检验	前照灯检测仪
12	排气污染物	点燃式发动机：怠速工况法检测 CO、HC；双怠速工况法检测 CO、HC；瞬态工况法检测 CO、HC、NO_X 压燃式发动机：自由加速法；加载减速法	仪器检验；台架检验	排气分析仪（宜带有发动机转速显示功能）、汽车底盘测功机、滤纸式烟度计、不透光烟度计
13	悬架特性	吸收率、左右车轮吸收率差、悬架特性曲线、悬架效率、左右车轮悬架效率差	台架检验	悬架装置检测台

五、汽车检验机构的检测工艺流程

1. 检测工艺流程

汽车检测线的工位布置是固定的，进入检测线的汽车按工位顺序进行流水检测作业。以四工位安全技术检测线为例，其检测工艺流程如图 1–2–3 所示。

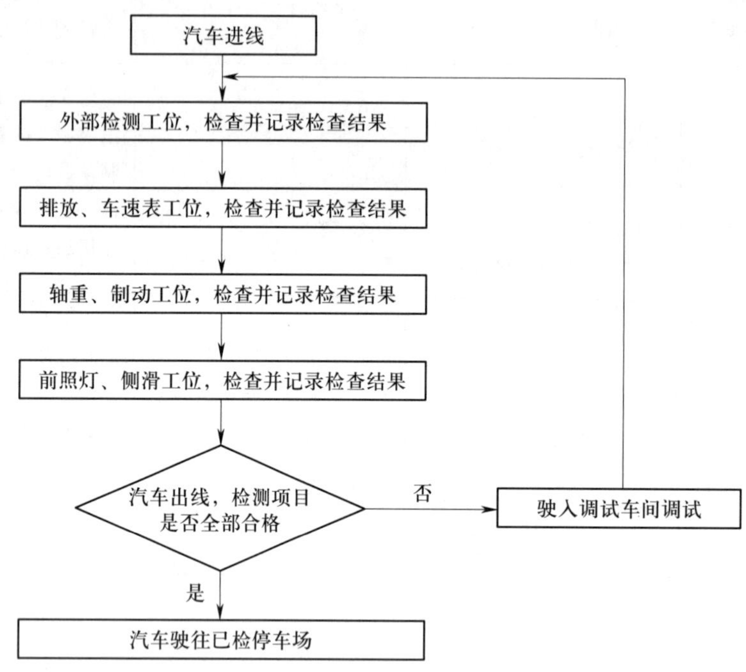

图 1–2–3 四工位安全技术检测线的工艺流程

2. 检测工艺程序

车辆一级维护过程中要检查有关制动、操纵等安全部件；二级维护前必须对车辆进行检测诊断和技术评定，并根据检测结果确定附加作业或小修项目。车辆维修应贯彻视情修理的原则，即根据车辆检测诊断和技术鉴定结果，视情按不同作业范围和程度进行。

图 1–2–4 所示为配备检测诊断系统的汽车维护和小修工艺方案。在日常维护中，现代化检测诊断并不能完全代替人工外部检查作业，许多故障往往可以从外表现象中明显反映出来，通过外部检查及时发现并排除故障，可避免其转化为更严重的故障。

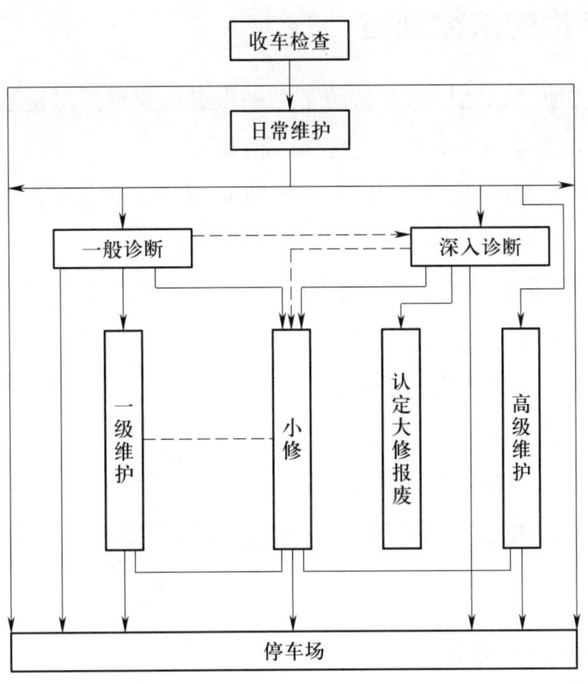

图 1-2-4　配备检测诊断系统的汽车维护和小修工艺方案

任务3　汽 车 年 检

学习目标

1. 熟悉车辆年检的法律规定和意义。
2. 了解车辆年检的类型。
3. 熟悉车辆年检规定和免检车辆申领检验合格标志的条件。
4. 熟悉车辆上线申领检验合格标志的流程。

汽车年检是指对已经领取正式牌照和行驶证的车辆，按国家标准《机动车运行安全技术条件》(GB 7258—2017)进行的检验。汽车年检的目的在于检查汽车主要技术状况，及时消除车辆的安全隐患，督促加强汽车的维护和保养，使汽车处于完好状态，确保汽车行驶安全。

一、车辆年检的法律规定

机动车应当从注册登记之日起，按照下列期限进行安全技术检验。

1. 营运载客汽车 5 年以内，每年检验 1 次；超过 5 年的，每 6 个月检验 1 次。

2. 载货汽车和大、中型非营运载客汽车 10 年以内，每年检验 1 次；超过 10 年的，每 6 个月检验 1 次。

3. 小、微型非营运载客汽车 6 年以内，每 2 年检验 1 次；超过 6 年的，每年检验 1 次；超过 15 年的，每 6 个月检验 1 次。

4. 6 年以内的摩托车免于到检验机构检验，需要定期检验时，机动车所有人可以直接到公安交管部门申领检验合格标志。

5. 拖拉机和其他机动车每年检验 1 次。

营运机动车在规定检验期限内经安全技术检验合格的，不再重复进行安全技术检验。

二、车辆年检的意义

1. 确保道路交通安全。年检主要检查车辆的机械性能、遵法性和环保性，确保车辆仍符合道路安全和交通法规的要求，防止非法改装车辆，为道路交通安全提供保障。

2. 发现和排除安全隐患。年检过程会全面检查车辆的发动机、底盘、制动系统、转向系统等，能够及时发现和检出这些系统存在的故障和安全隐患，修复后才允许上路行驶。

3. 鼓励车主保养车辆。年检制度促使车主定期对车辆进行全面的维护和保养，保持车辆的最佳技术状态，这也是保障车辆安全和延长使用寿命的重要手段。

4. 确保车辆环保达标。年检会对车辆尾气进行检测，达到控制机动车污染、保护环境的要求。

5. 确定车辆使用状况。通过年检记录可以了解车辆的实际行驶里程数和使用状况，为道路管理、交通安全研究和推广新能源汽车等提供数据支持。

6. 收取车辆使用费。年检时，需要缴纳相关费用。年检是当地政府监管车辆行驶和收取车辆使用费的手段之一。

汽车年检具有确保交通安全、发现和消除安全隐患、促进车主维护车辆、保护环境、掌握车辆使用信息、收取车辆税费等重要意义。在一定程度上促进了道路交通管理水平的提高和道路交通安全状况的改善，对车主和社会都具有重要作用。

三、车辆年检的类型

机动车的年检分为初次年检和定期年检。

1. 初次年检

机动车为了申领行驶牌照而进行的检验称为初次年检。初次年检的目的，在于审核机动车是否具备申领牌照的条件。初次年检的内容如下：

（1）是否有车辆使用说明书、合格证，车身上的出厂检验标记是否齐备。

（2）对机动车内外轮廓尺寸及轮距、轴距等进行测量。测量的具体项目是车长、车宽、车高、车厢栏板高度及面积、轮距、轴距等。

（3）按技术检验标准逐项进行。合格后，填写“机动车初检异动登记表”，并按原厂规定填写空车质量、装载质量、乘载人数、驾驶室乘坐人数。

2. 定期年检

定期年检的内容如下：

（1）检查发动机、底盘、车身及其附属设备是否清洁、齐全、有效，漆面是否均匀、美观，各主要总成是否更换，与初检记录是否相符。

（2）检验车辆的制动性、转向操纵性、灯光及其他安全性能是否符合要求。

（3）检验车辆是否经过改装、改型、改造，行驶证、号牌、车辆档案所有登记是否与车况相符、有无变化，是否办理了审批和异动、变更手续。

（4）牌照、行驶证及车上喷印的牌照放大字样有无损坏、涂改、字迹不清等情况。

（5）是否办理了规定的转籍、过户手续，在册汽车与实有汽车是否一致等。

（6）大型汽车是否按照规定在车门两侧用汉字仿宋体喷写单位名称或车辆所在地街道、乡、镇名称和驾驶室限坐人数；货车后栏板（包括挂车后栏板）外侧是否按规定喷写放大 2～3 倍的车牌号；个体或联营户的汽车，车门两侧是否喷写有“个体”字样，字迹要求清晰，不得喷写单位代号或其他图案（特殊情况需经车管所批准）。

四、车辆年检规定

1. 汽车年检的三个测试点

（1）轮距检测。轮距检测是指两个车轮内侧距离的检测。不合理的轮距不仅会加速轮胎磨损，还可能导致汽车行驶中偏航。通过轮距检测，年检机构能够确保每辆车的轮距符合制造厂家的规定，从而提高车辆的行驶稳定性和安全性。

（2）举升检测。举升检测主要针对汽车底盘及悬架系统进行检查。这一检测能够发现车辆底盘潜在的腐蚀、裂纹、断裂等问题，以及悬架系统的异常磨损或损坏。车辆底盘和悬架系统是保证汽车正常行驶和乘客乘坐舒适性的关键部件，其安全状况直接关系到行车安全。举升检测有助于及时发现并修复这些潜在的安全隐患。

（3）轮胎胎纹深度检测。如果汽车轮胎的胎纹深度不足，会严重影响汽车的抓地力，尤其在雨雪等湿滑路面行驶时，容易发生打滑事故。通过轮胎胎纹深度检测，可以确认汽车轮胎是否在安全使用范围内，是对汽车安全性的又一重要保障。

2. 车辆年检的周期

自 2022 年 10 月 1 日起，调整之后的 9 座及 9 座以下非营运载客车年检周期：

（1）车龄 6 年以下：免检。6 年免检指的是车辆 6 年内不需要到检验机构进行安全技术检验，但每 2 年仍然要申领检验合格标志。

（2）车龄 6 到 10 年：第 6 年及第 10 年需要进行上线检验。

（3）车龄 10 年以上：一年一检。

3. 车辆检验合格标志的电子化

可直接在“交管 12123”APP 上申请领取年检电子标志。检验合格标志电子凭证和纸质凭证具有同等效力，已领取检验合格标志电子凭证的车辆不需要再粘贴纸质标志。

五、申领检验合格标志的条件

1. 申领检验合格标志的条件

（1）注册登记 6 年以内的非营运乘用车（含大型乘用车）和其他小、微型载客汽车。

（2）不包括面包车。

（3）不包括车辆出厂之日起，超过 4 年未办理注册登记的车辆。

（4）车辆在免检期间没有发生任何伤人交通事故。

（5）车辆处理完所有的交通违法，车辆状态为正常。

2. 申领检验合格标志的方法

根据规定，满足 6 年免检条件的机动车可免除上线检测（车辆检测）的环节，但需要每两年申请一次检验合格标志。申请检验合格标志有两种常用的方法。

第一种方法：车主本人在机动车检验有效期截止前的 3 个月内，直接携带行驶证（正副本）、车船税或免税凭证、机动车交强险保单（副本）到各办理点申领检验合格标志，不收取任何费用。

第二种方法：通过“交管 12123”APP 实现 6 年检验合格标志在线申领。申领检验合格标志仅限车主本人操作，在机动车检验有效期截止前的 3 个月内申请，可得到“机动车检验合格标志（电子凭证）”。

六、车辆上线申领检验合格标志

1. 年检前的准备

（1）年检需准备车主身份证原件及复印件；机动车行驶证原件及复印件；有效期内的交强险保单（第一联或者第三联）或电子保单；若委托他人代办，还需要代办人的身份证及复印件和委托证明；非本地户口还需要准备居住证明等材料。

（2）年检时，需要车主先处理完车辆的违章。

（3）检查车内应急物品是否齐全。

（4）检查前后车灯、制动系统是否有异常。

（5）检查牌照是否清晰，若有褪色、破损，需要提前到车管所申请更换，更换后才可年检。

2. 车辆年检的流程

（1）准备资料：车辆年检之前需要提前准备上述材料。

（2）填表：填写机动车年检记录表。

（3）录入：到年检录入窗口，审查材料。

（4）查询：查询交通违法行为记录并处理。

（5）外检：进行车辆外检，包括车辆外观、安全装置等。

（6）缴纳检测费用、录入信息：外观检查合格后，缴纳检测费用，并将身份证和车辆行驶证交给工作人员录入车辆年检信息。

（7）上线检测：进行车辆尾气、制动、灯光、底盘等项目的检测。

（8）上线检测结果：检测合格的车辆，领取检验合格的表格。如检测不合格，需要进行检修，再重新年检。

（9）检查交强险单据：提交检验合格的表格和交强险单据等，由工作人员进行检查和数据录入。

（10）领取年审车贴：在驾驶证的副本反面填上年检日期，领取代表年检合格的车贴。

车辆年检的具体流程可能会因地区和检测机构的不同而有所差异。

3. 年检不合格的车辆如何处理

（1）年检不合格车辆，应限期修复；逾期仍不合格的，车管所应收缴其行车牌照，不允许再继续行驶。

（2）无故不参加年检或年检不合格的车辆，不允许在道路上行驶。

（3）符合报废条件或使用超过规定年限的车辆，不予检验并收回行车牌照，注销档案，予以报废。

模块二

——— 汽车动力性检测

随着汽车使用时间的延长，动力性会逐渐下降，如不能达到高速行驶的要求，不仅会降低汽车应有的运输效率及公路应有的通行能力，而且会成为发生交通事故、交通堵塞的潜在因素。因此，动力性是汽车最基本、最重要的性能，加强对汽车动力性的检测，是保持与发挥汽车性能的有效途径。

任务 1　汽车动力性的评价指标及受力分析

学习目标

1. 熟悉汽车的动力性的评价指标。
2. 熟悉汽车行驶阻力的组成。

一、汽车动力性的评价指标

汽车的动力性表示汽车在行驶时可发挥的极限能力，反映汽车在良好路面上直线行驶时，由汽车受到的纵向外力决定的所能达到的平均行驶速度（也称为平均技术速度）。由于汽车的行驶条件复杂且多变，如直接用汽车平均行驶速度来评价汽车的动力性，将非常困难，甚至是不可能的。汽车动力性通常用汽车最高车速、加速能力及上坡能力等作为评价指标。

1. 汽车的最高车速

汽车最高车速 v_{max} 是指汽车以最大额定总质量，在风速小于或等于 3 m/s 的条件下，在干燥、清洁、平坦的混凝土或沥青路面上能够达到的最高稳定行驶速度。汽车的总质量越大，最高车速越低。载货汽车的最高车速一般为 80～110 km/h，客车的最高车速为 90～130 km/h，乘用车的最高车速为 140～200 km/h。

2. 汽车的加速能力

汽车加速能力是指汽车在行驶中迅速增加行驶速度的能力，通常用汽车加速时间 t 来评价。加速时间是指汽车以最大额定总质量，在风速小于或等于 3 m/s 的条件下，在干燥、清洁、平坦的混凝土或沥青路面上，由某一低速度加速到某一高速度所需的时间。汽车加速时间分为原地起步加速时间和超车加速时间两种。

（1）原地起步加速时间

原地起步加速时间又称起步换挡加速时间，是指汽车由低挡位起步，并以最大的加速度逐步换到最高挡位，加速到某一规定的车速所需的时间；或由低挡位起步，以最大加速度逐步换到最高挡位后，达到一定距离所需的时间。一般常用原地起步行驶速度从 0→100 km/h 所需的时间来表明汽车原地起步加速能力；也有用原地起步行驶从 0→400 m 的距离所需的时间来表明汽车原地起步加速能力。原地起步加速时间越短，汽车的动力性越好。

（2）超车加速时间

超车加速时间又称直接挡加速时间，是指在最高挡位或次高挡位下，由预定车速开始全力加速到某规定车速所需的时间。也有用车速和加速时间关系的加速曲线来反映汽车加速能力的。超车加速能力强，表明汽车超车过程中两车并行时间或距离短，发生碰撞事故的概率低。超车加速时间越短，汽车的超车加速性能越好。

3. 汽车的上坡能力

汽车的上坡能力用最大爬坡度 i_{max} 表示。最大爬坡度是指汽车在满载的情况下，在良好的混凝土或沥青路面的坡道上，以最低前进挡能够爬上的最大坡度。

爬坡度可用角度 α 表示；也常用每 100 m 水平距离内坡道升高的高度 h 与百米比值 i 来表示，即：

$$i=\frac{h}{100}\times 100\%=\tan\alpha \tag{2-1}$$

各种车辆的爬坡能力不同。载货汽车在各种路面上行驶，要求其具有足够的爬坡能力，一般最大爬坡度约为 16.5°。乘用车主要行驶在良好路面上，车速高，加速快，对爬坡能力要求不高。越野汽车要能在恶劣路况或无路的条件下行驶，需要克服松软坡道路面的较大阻力以及凹凸不平路面的局部阻力，因此，越野汽车的爬坡能力是一个很重要的指标，其最大爬坡度要求达到 60%（即坡度角 α 为 30°）左右或更高。

最高车速、加速能力和最大爬坡度均应在无风或微风的条件下测定。对于不同用途的汽车，以上三个动力性评价指标影响汽车平均行驶速度的程度是不同的。例如，主要行驶在高速公路上的汽车，其平均行驶速度主要取决于最高车速的高低；在市区道路上行驶的公共汽车，其平均行驶速度取决于加速能力的大小。

二、汽车行驶阻力的组成

确定汽车动力性指标的大小，必须根据力学原理先找出汽车沿行驶方向的所有外力，即与汽车行驶方向相同的驱动力和与行驶方向相反的行驶阻力，并使驱动力与行驶阻力相等，建立汽车行驶方程，最后求解该方程，即可得汽车在各种工况下的最高车速、加速能力和最大爬坡度。

汽车的行驶方程为：

$$F_t = \sum F \tag{2-2}$$

式中 F_t——驱动力，N；

$\sum F$——行驶阻力之和，N。

汽车的行驶阻力有滚动阻力 F_f、空气阻力 F_w、坡度阻力 F_i 和加速阻力 F_j 等。汽车在水平道路上等速行驶时，必须克服来自地面的滚动阻力 F_f 和来自周围空气的空气阻力 F_w，只要汽车行驶，这两个阻力就存在，并转化为热能消耗掉。汽车在上坡时，还必须克服汽车重力沿坡道方向的分力，称为坡度阻力 F_i；当汽车下坡时，坡度阻力 F_i 转化为推力，即为负值，推动汽车向前行驶。汽车加速行驶时，还必须克服汽车的惯性力，即加速阻力 F_j；汽车减速行驶时，加速阻力 F_j 为负值，变为推动汽车行驶的力。因此，汽车行驶时要克服的总阻力为：

$$\sum F = F_f + F_w + F_i + F_j \tag{2-3}$$

当汽车在水平道路上行驶时，$F_i=0$；等速行驶时，$F_j=0$。

1. 滚动阻力 F_f

车轮在滚动时，轮胎与地面的接触部分将产生复杂的相互作用力，引起轮胎与地面的变形，在变形过程中，由于其内部分子间存在摩擦，将造成能量的损失，这种能量损失就是产生滚动阻力的原因。

一辆汽车行驶时，总的滚动阻力将等于每个车轮滚动阻力之和。汽车总质量越大，汽车要克服的滚动阻力越大。汽车滚动阻力：

$$F_f = fG \tag{2-4}$$

式中 F_f——汽车滚动阻力，N；

f——滚动阻力系数；

G——汽车重力，N。

滚动阻力系数 f 由轮胎的结构参数和道路的性质所决定。轮胎气压越高，道路越平整、坚实，滚动阻力系数越小。各种道路的滚动阻力系数见表 2–1–1。

表 2–1–1　　各种道路的滚动阻力系数

路面类型		滚动阻力系数 f	路面类型	滚动阻力系数 f
良好的沥青或混凝土路面		0.010 ~ 0.018	坑洼的鹅卵石路面	0.035 ~ 0.050
一般的沥青或混凝土路面		0.018 ~ 0.020	泥泞土路（雨季或解冻期）	0.100 ~ 0.250
碎石路面		0.020 ~ 0.025	干砂路面	0.100 ~ 0.300
良好的鹅卵石路面		0.025 ~ 0.030	湿砂路面	0.060 ~ 0.150
压紧土路	干燥的	0.025 ~ 0.035	结冰路面	0.015 ~ 0.030
	潮湿的	0.050 ~ 0.150	压紧的雪道	0.030 ~ 0.050

2. 空气阻力 F_w

汽车行驶时，必然受到空气的阻碍作用，空气对汽车的作用力在行驶方向的分力称为空气阻力。汽车行驶时，受到的空气阻力由摩擦阻力和压力阻力两部分组成。空气分子相对于汽车表面发生摩擦所产生的摩擦力沿汽车行驶方向的分力称为摩擦阻力。空气分子作用于汽车表面的法向压力的合力沿汽车行驶方向的分力称为压力阻力。压力阻力又分为形状阻力、干扰阻力、内循环阻力和诱导阻力四部分。形状阻力占压力阻力的大部分，与车身主体形状有很大的关系；干扰阻力是车身表面凸起物（如后视镜、门把手、悬架导向杆、驱动轴等）引起的阻力；发动机冷却系统、车身通风系统等需要空气流经车体内部时构成的阻力，即为内循环阻力；诱导阻力是空气升力在水平方向的投影。

如果汽车与空气的相对速度单位以 km/h 计，则空气阻力为：

$$F_w = \frac{C_d A v_r^2}{21.15} \tag{2–5}$$

式中　F_w——空气阻力，N；

C_d——空气阻力系数；

A——汽车迎风面积，m^2；

v_r——汽车相对速度，km/h。

空气阻力 F_w 与汽车相对速度 v_r 的平方成正比，相对速度越高，空气阻力越大。空气阻力与空气阻力系数 C_d 及汽车迎风面积 A 成正比。汽车迎风面积 A 受到汽车乘坐和使用空间的限制，不宜进一步减小，因此降低空气阻力系数 C_d 是降低空气阻力的主要手段。空气阻力系数 C_d 的值可由道路试验、风洞试验等方法求得。

汽车迎风面积 A 是汽车在其纵轴垂直平面上投影的面积，可直接在投影面上测得，也常用汽车的轮距与汽车高度的乘积近似表示。以近似法求得的迎风面积，对乘用车来说比实际面积大 5%～10%，而对货车来说比实际面积小 5%～10%，计算时应加以校正。

常见汽车的迎风面积 A 和空气阻力系数 C_d 的数值见表 2–1–2。

表 2–1–2　常见汽车的迎风面积与空气阻力系数

车型	迎风面积 A/m^2	空气阻力系数 C_d
乘用车	1.4～1.9	0.32～0.5
货车	3～7	0.6～1.0
客车	4～7	0.5～0.8

高速行驶时，发动机的大部分功率都消耗在克服空气阻力上。当车速小于 30 km/h 时，空气阻力可以略去不计。汽车的外形对空气阻力也会产生很大的影响。驾驶员在使用汽车时，应注意不要随意增减改变车身流线型的机件。货物装载时应尽可能使其外形平滑过渡。

3. 坡度阻力 F_i

汽车上坡行驶时，其重力沿坡道方向的分力与汽车行驶反方向形成的行驶阻力，称为坡度阻力 F_i，如图 2–1–1 所示。

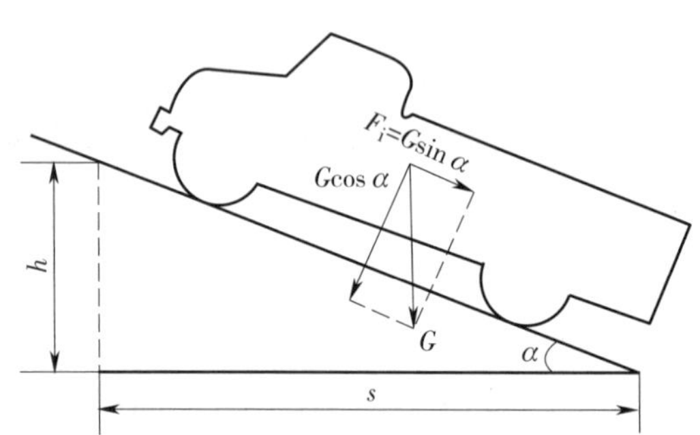

图 2–1–1　汽车的坡度阻力

$$F_i=G\sin\alpha \tag{2–6}$$

式中　G——汽车重力，N；

α——坡道与水平路面的夹角，°。

4. 加速阻力 F_j

汽车在加速行驶时，需要克服其质量做加速运动时的惯性力，即加速阻力。汽车的质量分为平移质量与旋转质量两部分。汽车加速时不仅平移质量（汽车的总质量）产生惯性力偶矩，旋转质量也产生惯性力偶矩。为了便于计算，一般把旋转质量的惯性力偶矩转化为平移质量惯性力偶矩，并以系数 δ 作为旋转质量转换系数。

汽车在行驶过程中，滚动阻力 F_f 和空气阻力 F_w 是在任何条件下都存在的，而坡度阻力 F_i 和加速阻力 F_j 仅在汽车上坡或加速行驶时存在。

任务 2　汽车动力性的理论分析

学习目标

1. 熟悉汽车行驶的驱动条件与附着条件。
2. 熟悉车轮附着系数的影响因素。
3. 掌握汽车行驶的驱动附着条件和功率平衡。

一、汽车行驶的驱动条件与附着条件

1. 汽车行驶的驱动条件

汽车正常行驶时，驱动力必然与各种行驶阻力平衡，如图 2–2–1 所示。即

$$F_t=F_f+F_w+F_i+F_j \quad （2–7）$$

式（2–7）为汽车驱动力平衡方程。

图 2–2–1　汽车驱动力的组成

汽车等速行驶时（F_j=0）	$F_t=F_f+F_w+F_i+F_j$（F_j 为 0）
汽车加速行驶时	$F_t=F_f+F_w+F_i+F_j$（F_j 为正）
汽车减速行驶时	$F_t=F_f+F_w+F_i+F_j$（F_j 为负）

可见，汽车行驶的必要条件是

$$F_t=F_f+F_w+F_i+F_j \tag{2-8}$$

式（2–8）为汽车的驱动条件，它反映了汽车本身的行驶能力。

汽车能够行驶其驱动力必须大于或等于由滚动阻力、空气阻力、坡度阻力和加速阻力组成的汽车行驶阻力。

2. 汽车行驶的附着条件

增大汽车驱动力，可以采用增大发动机转矩和传动比的方法。当驱动力增大到一定程度时，驱动轮会出现滑转现象，增大驱动轮的转矩，只能使驱动轮加速旋转，与地面的切向反作用力并不会增大。因此，汽车行驶还受轮胎与路面附着条件的限制。

路面对轮胎切向反作用力的极限值（无侧向力作用时）称为附着力 F_ϕ。最大驱动力小于或等于驱动轮与路面间的附着力，即

$$F_f+F_w+F_i+F_j=F_t \leqslant F_\phi \tag{2-9}$$

式（2–9）称为汽车的附着条件。当驱动力大于附着力时，驱动轮会产生滑转。

在硬路面上，驱动力与地面对驱动轮的法向反作用力 F_z 成正比，即

$$F_\phi=\phi F_z \tag{2-10}$$

比例常数 ϕ 称为附着系数（良好路面的附着系数为 0.8 ~ 1.0，结冰路面附着系数为 0.1 ~ 0.25），它表示轮胎与路面的接触强度。在坚硬路面上，ϕ 主要反映轮胎与路面的摩擦作用；在松软路面上，ϕ 与轮胎和路面的摩擦作用及土壤的抗剪强度有关。

因此，汽车行驶的约束条件为车轮驱动力大于或等于行驶阻力，要同时小于或等于附着力。当车轮驱动力大于附着力时，车轮将发生滑转现象，汽车在雪地行驶时，由于结冰路面附着系数很小，车轮易出现滑转。当驱动轮发生滑转时，车轮印迹将形成类似制动拖滑的连续或间断的黑色胎印。

二、车轮附着系数的影响因素

车轮附着系数的主要影响因素有路面的种类和状况、轮胎的结构和气压以及汽车的行驶速度等。

1. 路面的种类和状况

在坚硬路面上，附着系数 ϕ 反映轮胎与路面的摩擦作用，但附着系数 ϕ 与光滑表面间的摩擦系数不同。在坚硬路面上，路面的微小凸起可嵌入变形的胎面中，增大了轮胎与地面的接触强度（或称结合强度），对轮胎在接地面积内的相对滑动有较大的阻碍作用，轮胎与地面间的上述作用称为附着作用。

在松软路面上，如车轮在比较松软的干土路面上滚动时，土壤的变形比轮胎的变形大，轮胎胎纹的凸起部分嵌入土壤，此时车轮附着系数 ϕ 不仅取决于轮胎与土壤间的摩擦作用，还取决于土壤的抗剪强度。只有当嵌入轮胎胎纹沟槽的土壤被剪切脱开基层时，轮胎在接地面积内才产生相对滑动，车轮发生滑转。

不同轮胎在各种路面上的附着系数 ϕ 见表 2–2–1。

表 2–2–1　　不同轮胎在各种路面上的附着系数 ϕ

路面		轮胎的附着系数 ϕ		
类型	状态	高压轮胎	低压轮胎	越野轮胎
沥青、混凝土路面	干燥	0.50 ~ 0.70	0.70 ~ 0.80	0.70 ~ 0.80
	潮湿	0.35 ~ 0.45	0.45 ~ 0.55	0.50 ~ 0.60
碎石路面	干燥	0.50 ~ 0.60	0.60 ~ 0.70	0.60 ~ 0.70
	潮湿	0.30 ~ 0.40	0.40 ~ 0.50	0.40 ~ 0.55
土路	干燥	0.40 ~ 0.50	0.50 ~ 0.60	0.50 ~ 0.60
	湿润	0.20 ~ 0.40	0.30 ~ 0.40	0.35 ~ 0.50
	泥泞	0.15 ~ 0.25	0.15 ~ 0.25	0.20 ~ 0.30
积雪荒地	松软	0.20 ~ 0.30	0.20 ~ 0.40	0.20 ~ 0.40
	压实	0.15 ~ 0.20	0.20 ~ 0.25	0.30 ~ 0.50
结冰路面		0.08 ~ 0.15	0.10 ~ 0.20	0.05 ~ 0.10

2. 轮胎的结构和气压

（1）轮胎胎纹对附着系数的影响

胎纹细而浅的轮胎，在硬路面上有较高的附着能力；胎纹宽而深的轮胎，在软路面上的附着能力高。

增加胎面的纵向条纹，在干燥的硬路面上，由于接触面积减小，附着系数有所下降；但在潮湿的路面上有利于挤出接触面中的水分，改善了附着能力。

轮胎胎面上有纵向沟槽，胎面边缘有横向沟槽，使轮胎在纵向、横向均有较好的抓地能力，提高了轮胎在潮湿路面上的排水能力。

（2）轮胎气压对附着系数的影响

在硬路面上，降低轮胎气压可使附着系数略有增加，因此采用低压胎可获得较好的附着性能。在松软路面上，适当降低轮胎气压，使轮胎与土壤的接触面积增加，胎面凸起部分嵌入土壤的部分增多，可显著提高附着系数 ϕ。如果同时增加车轮宽度，则效果更好。

在潮湿的路面上，适当提高轮胎气压，使轮胎与路面的接触面积减小，有助于挤出轮胎与接触面间的水分，使轮胎得以与路面较坚实的部分接触，可提高附着系数 ϕ。

（3）轮胎其他因素对附着系数的影响

轮胎的磨损也会影响附着能力，随着胎面胎纹深度减小，附着系数将显著下降。

宽断面轮胎和子午线轮胎由于与地面的接触面积增大，附着系数较高。合成橡胶制成的轮胎也比天然橡胶制成的轮胎具有更高的附着系数。

3. 汽车的行驶速度

在硬路面上提高汽车行驶速度时，由于路面凹凸结构来不及与胎面完全嵌合，因此附着系数有所降低。在潮湿的路面上提高汽车行驶速度时，由于接触面间的水分来不及排出，因此附着系数显著降低。

在结冰的路面上，车速高时，与轮胎接触的冰层受压时间短，因此在接触面间不容易形成水膜，附着系数略有提高。但也要特别注意，在结冰路面上提高行驶速度会使行驶的稳定性变差。

另外，已经发生磨损和风化的路面附着系数也会降低。例如，使用十年以上的路面，附着系数比新建时下降 20%～30%。

三、汽车行驶的驱动附着条件

汽车行驶的驱动条件与附着条件如下：

$$F_f+F_w+F_i+F_j \leqslant F_t \leqslant F_\phi=F_z\phi \tag{2-11}$$

式（2-11）即为汽车行驶的驱动附着条件，也是汽车行驶的充分必要条件。

汽车行驶首先要满足驱动条件，这就要求汽车发动机能产生足够大的转矩或功率，汽车传动系有一定的传动比，保证驱动力 F_t 足够大，足以克服各种行驶阻力（即 $F_t \geqslant F_f+F_w+F_i+F_j$），但这个条件并不充分，只是汽车行驶的必要条件。

推动汽车行驶的驱动力 F_t 是路面对驱动轮的切向反作用力，是路面作用于汽车的外力。当驱动轮被架空而离开地面时，无论发动机产生多大的转矩，汽车都是不能行驶的。路面对汽车作用的驱动力 F_t 的最大值受附着力 F_ϕ 的限制。因此，为了保证汽车正常行驶，轮胎与地面必须有良好的附着性能，即附着力足够大，地面才能在附着力的限制下对驱动轮产生足够的切向反作用力。

四、汽车的功率平衡

汽车在行驶时，不仅有驱动力和行驶阻力的平衡，还有发动机功率和汽车行驶阻力功率的平衡。汽车行驶的每一瞬间，发动机发出的功率等于机械传动损失与各种行驶阻力所消耗的功率总和。

任务 3　影响汽车动力性的主要因素

学习目标

了解影响汽车动力性的主要因素。

一、发动机的参数

1. 比功率

汽车单位总质量所具有的功率称为比功率，即 P_e/m（单位：kW/kg 或 kW/t）。汽车比功率越大，其最高车速和加速度越高，动力性越好。

2. 转矩适应性

发动机最大转矩与最大功率的转矩之比称为转矩适应性系数，即 M_{emax}/M_p。该比值越大，汽车动力性越好。

3. 发动机功率最大时的转速与转矩最大时的转速之比

发动机功率最大时的转速与转矩最大时的转速之比比值越大，汽车遇外界阻力时发动机转速降低的允许值较大，这样飞轮释放出的惯性力矩较大，有利于克服外界阻力，稳定汽车的行驶速度。

二、驱动桥主减速器传动比

当驱动桥主减速器传动比增加时，最高车速降低，但后备功率（克服短时间内超负荷的能力）却增大，汽车的加速与爬坡能力增强；当驱动桥主减速器传动比减小时，最高车速增加，但后备功率减小，汽车的动力性较差。

三、变速器的参数

1. 变速器挡位数

无副变速器和分动器时，传动系统挡位数即为变速器前进挡的挡位数。变速器的挡位数增加时，使发动机在接近最大功率工况下工作的机会增加，发动机的平均功率利用率提高，后备功率增大，有利于汽车加速和爬坡，提高了汽车中速行驶时的动力性，即汽车的动力性越好。对于无级变速系统，汽车在任何车速下，发动机都能在最大功率下工作，此时后备功率最大，动力性最好。

2. 变速器传动比

变速器的传动比对汽车的动力性影响最大。变速器Ⅰ挡传动比与主减速器传动比的乘积，决定了传动系统的最大传动比。变速器Ⅰ挡传动比的大小决定了汽车最大爬坡度和汽车最低稳定车速的大小。Ⅰ挡传动比越大，在附着条件允许的情况下，汽车的最大爬坡度越大。

四、汽车的外观

汽车外观的流线型越差，空气阻力系数 C_d 越大，汽车动力性就越差。如果空气阻力占汽车行驶阻力的比例很大，会增加汽车燃料消耗量或严重影响汽车的动力性。减小空气阻力，能有效地改善汽车的动力性，提高最高车速。因此，车身设计广泛采用流线型设计。

五、汽车的总质量

汽车总质量对汽车的动力性有很大影响。除了空气阻力外，所有的运动阻力都与汽车总质量有关。在其他条件相同的情况下，汽车装载或牵引越多，汽车动力性就越差。因此，减轻汽车自重，可改善汽车的动力性。对具有相同载重质量的汽车，自重较小者，动力性较好。

六、轮胎的尺寸与类型

汽车的驱动力、滚动阻力以及附着力都受轮胎尺寸与类型的影响，因此轮胎的选用对汽车的动力性有很大影响。

七、汽车的运行条件

汽车的动力性还在不同程度上受到运行条件的影响，如道路条件、气温条件、海拔高度、驾驶技术、技术维护与调整、交通规则与运输组织等。

汽车在使用过程中，道路条件是不断变化的，如遇泥泞土路和冰雪路面等，由于路面的附着系数减小和车轮滚动阻力增加，汽车动力性降低。

汽车在使用过程中，应加强维护与保养，采用正确的驾驶方法、合理的运输组织，充分发挥汽车的动力性能，以提高运输速度和运输效率。汽车的维护与保养差，发动机动力不足；车轮定位不符合标准、轮胎气压不足、轮毂轴承调整不当等，均会降低汽车的动力性。

任务 4　汽车动力性的台架检测

学习目标

1. 了解底盘测功机的作用。
2. 熟悉台架检测前的准备工作。
3. 熟悉汽车动力性的台架检测。

汽车动力性检测分为试验台架检测（又称台架检测）和实际道路检测（又称道路试验）。营运车辆动力性检测一般采用台架检测。

汽车动力性台架检测主要是用无外载测功仪检测发动机功率，用底盘测功机检测汽车的最大输出功率、最高车速和加速能力。台架检测不受气候、驾驶技术等客观条件的影响，只受测试设备本身测试精度的影响。测试条件易于控制，因此汽车检验机构广泛采用汽车动力性台架检测的方式。

一、底盘测功机的作用

底盘测功机是汽车整车性能检测中动力性检测、燃料经济性检测的必备设备。

底盘测功机是一种不解体检测汽车性能的设备，它通过在室内台架上模拟道路行驶工况的方法来检测汽车的动力性。底盘测功机以滚筒表面模拟路面，试验时通过功率吸收加载装置来模拟道路行驶阻力，通过飞轮的转动惯量来模拟汽车直线运动质量的惯量，使汽车在尽可能接近实际行驶的工况下进行各项检测与试验。底盘测功机具有以下基本功能：

1. 测试汽车驱动轮输出功率。
2. 测试汽车的加速能力和滑行性能。
3. 测试汽车传动系统的传动效率。
4. 检测、校验车速表。

若辅以油耗计、尾气分析仪等设备，底盘测功机还可以对汽车的燃料经济性和尾气排放进行检测。

二、台架检测前的准备工作

1. 环境条件

环境温度为 0 ~ 40 ℃，环境湿度小于 85%，大气压力为 80 ~ 110 kPa。

2. 检测设备和仪器

底盘测功机、温度计、湿度计、气压计和饱和蒸汽压计等。

3. 被检车辆的准备

（1）被检车辆外部清洁、干净，被检车辆空载。

（2）轮胎胎纹中不得夹有石粒，胎面和胎壁不应有破裂或割伤，轮胎的规格和气压符合标准。

（3）发动机机油液面和机油压力在允许范围内。

（4）发动机冷却系统工作正常。

（5）自动变速器 ATF 油液面在规定范围内。

（6）发动机和底盘经过维护，燃料供给系统和点火系统处于最佳工作状态。

（7）被检车辆预热至发动机、传动系统达到正常工作温度的状态。

（8）关闭被检车辆运行过程中不必要的耗能装置，如空调等。

4. 底盘测功机的准备

（1）启动系统。接通电源，计算机自动进入系统主菜单，包括系统录入、系统标定、举升离合、查看和结果打印五部分，每项内容包含若干下拉子菜单，可根据需要选择。

（2）车辆数据录入。根据子菜单的提示，输入被检车辆的车牌号、车辆型号等。

（3）试验项目输入。根据子菜单的提示，选择底盘测功、滑行测试、加速测试等项目并输入相关参数。

（4）举升机与离合器控制。在对应项目的子菜单中，“举升”用于控制举升机升降动作。车辆驶上滚筒前，按“举升”按钮使举升机处于上升状态。“离合”用于控制滚筒和飞轮的接合与分离。

（5）将被检车辆驶上举升机，保证车轮与滚筒处于垂直状态，再选择“举升机降”，使举升机下降。

（6）被检车辆停稳后，用车轮挡块顶住非驱动轮，或用牵引绳拉住被检车辆。

（7）将冷却风扇放置在被检车辆前方并开启，以冷却发动机。在测试后应将设备空转 1 min 以上再停止，保证底盘测功机散热。

5. 底盘测功机的使用注意事项

（1）超过试验台允许轴重或轮重的车辆，一律不准驶上试验台进行检测。

（2）检测过程中，切勿拨弄举升机托板操纵手柄。被检车辆前方严禁站人，以确保检测安全。

（3）检测时，必须开启冷却风扇，密切注意各种异响和发动机的冷却液温度。

（4）走合期的新车或大修车不宜进行底盘测功。

（5）禁止在试验台上停放车辆。

（6）若检测时突然停电，驾驶员应立即松开加速踏板，并挂入空挡。

三、台架检测

1. 汽车底盘输出功率的检测

底盘测功机检测车辆底盘的最大驱动功率，可以评定车辆的技术状况等级。

（1）在动力性检测之前，必须按汽车底盘测功机使用说明书的规定进行试验前的准备工作。举升机应处于举升状态，无举升机时滚筒必须锁定。轮胎表面不得夹有石子或坚硬之物。

（2）汽车底盘测功机各系统必须工作正常。

（3）在动力性检测过程中，控制方式处于恒速控制，当车速达到设定车速（误差 ±2 km/h）并稳定 5 s 后，计算机方可读取车速与驱动力数值，并计算汽车底盘输出功率。

（4）输出检测结果。

2. 汽车加速能力的检测

汽车加速能力有两种测试方法：一种是检测汽车起步加速时间，如汽车从 0 km/h 加速到 50 km/h 或从 0 km/h 加速到 100 km/h 所需要的时间；另一种是检测汽车超车加速时间，加速时间越短，汽车的加速能力越强。

根据被检车辆的整备质量选定底盘测功机的相应当量惯量。当底盘测功机配备的惯量模拟系统（飞轮）的惯量级数不能准确地满足被检车辆的当量惯量需要时，可选配与被检车辆整备质量最接近的转动惯量级。

将被检车辆的驱动轮置于底盘测功机的滚筒上，启动汽车，逐步加速并换至直接挡，待车速稳定在 30 km/h 时，迅速将加速踏板踩到底，全力加速至该车型最高车速的 80%，记录加速时间，重复测试两次，取平均值作为测试结果。

乘用车要进行起步和连续换挡加速时间的测试。启动乘用车，从初速度 0 km/h 开始起步，连续换挡，全力加速至车速为 100 km/h，测试重复两次，取平均值作为测试结果。

3. 汽车滑行性能的检测

被检车辆的轮胎气压应符合规定值，传动系润滑油的温度不低于 50 ℃。将被检车辆驱动轮置于底盘测功机滚筒上，启动汽车，按系统的提示加速至高于规定滑行初速度后，将变速器置于空挡，利用存储的动能使汽车运转，直至车轮停止转动，将滑行的距离记录下来。汽车滑行性能的检测标准见表 2–4–1。

表 2-4-1　　汽车滑行性能的检测标准

汽车整备质量 M/kg	双轴驱动车辆滑行距离 /m	单轴驱动车辆滑行距离 /m
M<1 000	≥ 104	≥ 130
1 000 ≤ M ≤ 4 000	≥ 120	≥ 160
4 000<M ≤ 5 000	≥ 144	≥ 180
5 000<M ≤ 8 000	≥ 184	≥ 230
8 000<M ≤ 11 000	≥ 200	≥ 250
M>11 000	≥ 214	≥ 270

注：表中规定的测试车速为 50 km/h。

任务 5　汽车动力性的道路试验

学习目标

1. 了解道路试验的常用设备。
2. 熟悉道路试验的测试条件和准备工作。
3. 熟悉汽车动力性道路试验的内容。

道路试验对汽车动力性的测试不同于台架检测，它受道路条件和环境条件的限制。同一车辆，使用相同的仪器、设备测试，若道路与环境条件不同，测试结果也会不同。因此，道路试验测试汽车的动力性，必须限定试验的条件。

一、道路试验的常用设备

进行道路试验时，需要测量被测车辆的位移、速度和相应时间。车辆里程表虽然能够指示汽车行驶里程和速度，但由于受到轮胎滚动半径变化、机械传动系统磨损、指示仪表本身精度不高等因素的影响，其显示精度不能满足道路试验要求，因此，需要用专门的仪器进行测量。

1. 第五轮仪

在机动车进行道路试验（如加速性能、制动性能、滑行等试验）时，用于测量车辆的行程、速度和时间等参数的仪器称为车速测量仪。由于该仪器的传感器部分是一个专门的小轮子，试验时由汽车拖动在路面上滚动，是除汽车车轮外的第五个轮子，因此又称为第五轮仪。第五轮仪的结构如图 2–5–1 所示。

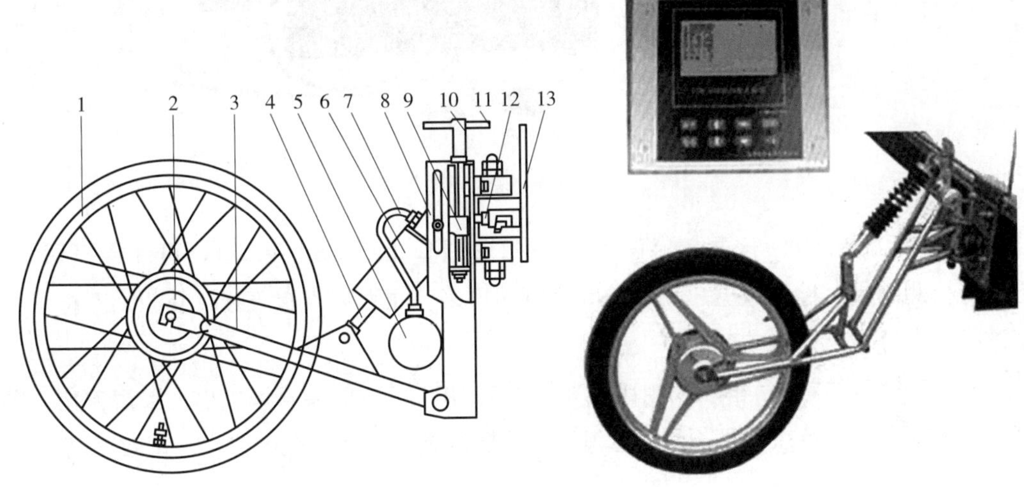

图 2–5–1　第五轮仪的结构

1—第五轮　2—电磁传感器　3—叉架　4—活塞杆　5—储气筒　6—气缸
7—气管　8—壳体　9—螺母　10—丝杆　11—手把　12—调节轴　13—固定板

2. 非接触式车速仪

非接触式车速仪主要分为两种：一种是非接触式光学车速仪（又称为非接触式第五轮仪），另一种是非接触式 GPS 车速仪。

（1）非接触式光学车速仪

非接触式光学车速仪能够测量车辆运动中的车速、距离和响应时间，安装方便，测量精度高，适用于高速测量，最高测量速度可达 250 km/h，并且可避免普通第五轮仪的缺点，使用广泛。

非接触式光学车速仪的缺点是光源耗电量大，价格昂贵；在车速很低时，测量误差很大，车速 1.5 km/h 以下不能测量。

（2）非接触式 GPS 车速仪（图 2–5–2）

非接触式 GPS 车速仪是一种利用 GPS 原理的非接触式车速仪，它能够精确地测量车辆速度和行驶距离，最高测试速度可达 500 km/h 以上。非接触式 GPS 车速仪带有速度模拟电压信号输出和距离脉冲信号输出，能和各种仪器连接，其体积小、质量小，便于安装在车辆上。

非接触式 GPS 车速仪的主要特点如下：

1）非接触式 GPS 车速仪是基于新一代高性能的 GPS 卫星定位系统开发的速度 – 位移检测系统。

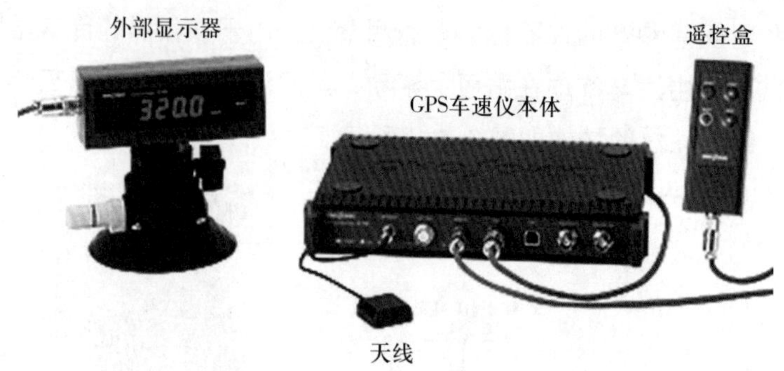

图 2-5-2　非接触式 GPS 车速仪

2）非接触式 GPS 车速仪配有标准 RS-232 接口（或 USB 接口），可外接打印机，方便将检测结果、检测数据、动态曲线等打印出来；也可以直接连接计算机，对检测数据进行二次分析、处理或存储。

3）与非接触式光学车速仪相比，非接触式 GPS 车速仪具有尺寸小、安装方便、精度高、无须校准等特点，且不受雨雪等测试环境的影响，测试范围广，测试效率高。

二、道路试验的试验条件和准备工作

1. 气象条件和道路条件

（1）气象条件

检测应在无雨、无雾、相对湿度小于 95%、气温为 0 ~ 40 ℃、风速不大于 3 m/s 的气象条件下进行。

（2）道路条件

各项性能试验应在清洁、干燥、平坦、用沥青或混凝土铺设的直线道路上进行。道路长为 2 ~ 3 km，宽不小于 8 m，纵向坡度在 0.1% 以内。

2. 仪器和设备的准备

检测仪器和设备须经计量鉴定，且在有效期内使用，并在使用前进行校准、调整，确保功能正常，符合精度要求。当使用汽车上安装的车速表、里程表测定车速和里程时，检测前必须按国家标准《汽车速度表、里程表检验校正方法》（GB/T 12548—2016）进行误差校正。

3. 被检车辆的准备

（1）轮胎压力

检测前，应检查轮胎气压，轮胎充气压力应符合技术条件的规定，误差不超过 ± 10 kPa。

（2）车辆使用油品

被检车辆使用的燃油、润滑油（脂）和制动液的牌号和规格都应符合技术条件或现行国家标准的规定。除可靠性行驶检测、耐久性道路检测外，同一次检测的各项性能测定必须使用同一批燃油、润滑油（脂）及制动液。

（3）装载质量

无特殊规定时，装载质量均为额定最大装载质量或使被检车辆处于额定最大总质量状态。装载质量应均匀分布，装载物应固定牢靠，检测过程中不得晃动和颠离，不应因潮湿等条件变化而改变其质量。

（4）车辆的其他准备

1）检测前，应记录被检车辆的生产厂名、牌号、型号、发动机号、底盘号、各主要总成号和出厂日期等。

2）检查车辆装备完整性及装配调整情况，使之符合装配调整技术条件及国家标准《机动车运行安全技术条件》（GB 7258—2017）的有关规定。

3）经行驶里程不大于 100 km 的行驶检查，方可进行道路试验。

4）检测前，根据检测要求，对被检车辆进行磨合。

5）被检车辆必须进行预热，使汽车发动机、传动系统及其他部分达到规定的温度状态。

三、道路试验的内容

1. 滑行试验

滑行试验是使汽车加速到某预定车速后，挂空挡，只靠汽车的动能继续行驶直至停车的试验过程。滑行试验的目的是检测汽车车轮滚动阻力、空气阻力以及动力传动系统的各种阻力。

选择长为 800～1 000 m 的平整路段两端立上标杆作为滑行区段，汽车在进入滑行区段前，车速应稍大于 50 km/h，此时驾驶员将变速器置入空挡，松开离合器踏板，汽车开始滑行。当车速为 50 km/h 时（汽车应进入滑行区段），用第五轮仪或车速仪记录的过程中，驾驶员不得转动转向盘，直至完全停车为止。试验至少往返各滑行 1 次，往返区段应尽量重合。

2. 车速试验

车速试验包括最低稳定车速试验和最高车速试验。

（1）最低稳定车速试验

最低稳定车速是指汽车在直接挡下能够稳定行驶的最低车速。

1）试验前，应选取 50 m 长的平坦、坚实的直线路段，并在该路段的两端各插上一根标杆。

2）试验时，将汽车变速器置于所要求的挡位，使汽车保持较低的稳定车速驶入试验路段。各种类型汽车变速器的挡位要求如下：对于货车、客车、专用汽车及重型矿用汽车，挂直接挡；对于越野汽车，除挂直接挡试验外，还要增加挂传动系最低挡位试验。另外，还可以根据试验要求，挂超速挡或其他挡位进行试验。对于没有直接挡的汽车，应选速比最接近直接挡速比的挡位。

3）当汽车驶出试验路段时，快速踩下加速踏板，此时发动机不应熄火，传动系统不得发生抖动，汽车能平稳地加速行驶。试验至少往返进行 2 次。另外，在试验过程中，不允许为保持汽车稳定行驶而切断离合器或使用制动器制动汽车。

（2）最高车速试验

最高车速是指在无风的情况下，在水平良好的路面（混凝土或沥青路面）上汽车能达到的最大行驶速度。

在符合试验条件的道路上，选择中间 200 m 为测量路段，并用标杆做好标记，测量路段两端为试验加速区间。根据试验汽车加速性能的优劣，选定充足的加速区间，使汽车在驶入测量路段前就能够达到最高的稳定车速。

试验汽车在加速区间以最佳的加速状态行驶，在到达测量路段前保持变速器（及分动器）在汽车设计最高车速的相应挡位，踩加速踏板，使汽车以最高的稳定车速通过测量路段。试验过程中，注意观察汽车各总成、部件的工作状况并记录异常现象。试验往返各进行一次，测定汽车通过测量路段的时间，并按公式计算试验结果。

3. 加速试验

加速试验是为测试汽车加速能力而进行的试验，一般在平坦、干燥的路面上测定加速时间、车速和距离等，以计算求得加速能力。根据试车环境的实际条件决定加速开始和结束条件。

4. 爬坡性能试验

爬坡性能试验为评价汽车在各种坡度的坡路上起步和爬坡能力而进行的试验，一般有爬陡坡试验和爬长坡试验两种。

（1）爬陡坡试验

陡坡一般指角度大于 10%（5.7°）的坡。爬陡坡试验一般有两种：一种是从坡下平坦道路处起步后向上爬坡；另一种是在坡路中途停车后再起步加速，从而测试起步的难易程度和加速能力。

（2）爬长坡试验

爬长坡试验一般在坡度小于 10%（5.7°）的长坡路上进行。爬长坡试验不仅可测试汽车的动力性能，同时还可测试行驶时发动机冷却液的温度、各种润滑油的温度及其他各部分的温度并进行整体的实用性评价。

5. 牵引性能试验

汽车牵引性能试验主要用于确定汽车牵引挂车的动力性能，它分为牵引性能试验与最大拖钩牵引力性能试验两种。

（1）牵引性能试验

汽车牵引性能试验最好采用试验汽车牵引负荷拖车的方式进行，没有负荷拖车时，也可以用处于最大总质量状态的其他汽车代替负荷拖车。

试验时，汽车起步后尽快加速并将变速器挡位升至需要的挡位，并逐渐将加速踏板踩到底，使汽车加速到该挡最高车速的 80% 以上。然后，负荷拖车慢慢施加负荷，在试验汽车发动机正常转速范围内，取 5～6 个试验车速点，待车速稳定后，测量车速值及相应车速下的拖钩牵引力。试验往返各进行 1 次，取 2 次试验结果的算术平均值作为最终试验结果。

（2）最大拖钩牵引力性能试验

试验时，由试验汽车拖动负荷拖车运动，试验汽车动力传动系统均处于最大传动比状态，自锁差速器应锁住。如果用钢丝绳牵引，两车之间的钢丝绳不得短于 15 m。

试验开始时，试验汽车应缓慢起步，待钢丝绳（或牵引杆）拉直后，逐渐将加速踏板踩到底，以该工况下最高车速 80% 的速度行驶。当行驶到试验路段时，负荷拖车开始平稳、均匀地施加负荷，使试验汽车车速平稳下降，直到试验汽车的发动机熄火或驱动轮完全滑转为止，并从牵引力测量仪器上读取最大拖钩牵引力。试验往返各进行 1 次，以 2 个方向测得的最大拖钩牵引力的算术平均值作为最终试验结果。

模块三——汽车燃料经济性检测

汽车燃料经济性用汽车燃料消耗量评价。汽车燃料消耗量除了与燃料供给系的技术状况有直接关系外，还与曲柄连杆机构、配气机构、点火系、润滑系、冷却系、传动系、行驶系、转向系和制动系等有关，是一个综合性的评价参数。用油耗仪测量汽车燃料消耗量在使用中的变化，不仅可以诊断燃料供给系的技术状况，还可以诊断发动机及整车的技术状况。

在汽车综合性能检测中，通过汽车燃料消耗量的检测，可以限制油耗超标的车辆继续使用，从而达到节约能源和减少排气污染的目的。

任务 1　汽车燃料经济性的评价指标及检测标准

学习目标

1. 熟悉汽车燃料经济性的评价指标。
2. 了解汽车燃油消耗量的限值。

一、燃料经济性的评价指标

汽车的燃料经济性是汽车的主要使用性能之一，它是指汽车以最小的燃料消耗完成单位运输工作量的能力，常用汽车行驶 100 km 所消耗的燃料量（L/100 km）来评价。在汽车运输中，燃料消耗费用占总费用的 1/3 左右，因此，燃料经济性的提高就意味着汽车运输成本的下降和经济效益的提高。

燃料消耗量越小，汽车的燃料经济性就越好。根据汽车燃料消耗试验工况的不同，汽车单位行程的燃油消耗量主要有以下两种表示方法。

1. 等速百千米油耗

等速百千米油耗是一种常用的燃料经济性评价指标，它是指汽车在一定载荷（我国标准规定乘用车为半载，货车为全载）下，以最高挡在水平良好的路面上等速行驶 100 km 的燃料消耗量，一般是汽车等速行驶一定的里程折算成 100 km 的燃料消耗升数（L/100 km）。每隔 10 km/h 或者 20 km/h 速度间隔测出等速行驶百千米的燃料消耗量。图 3–1–1 所示为汽车等速百千米燃料消耗量特性曲线，可用来综合评价汽车每一速度的燃料经济性。

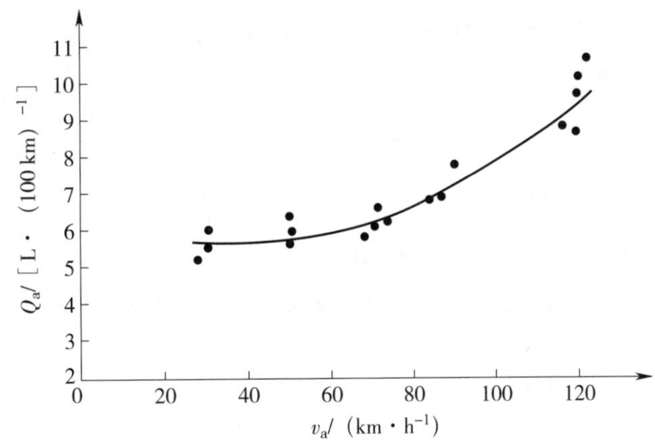

图 3–1–1　汽车等速百千米燃料消耗量特性曲线

乘用车常用 90 km/h 和 120 km/h 的燃油消耗量（L/100 km）来评价其燃料经济性。

等速百千米油耗是一种单项评价指标，由于等速百千米油耗试验没有模拟汽车在实际行驶中频繁出现的加速、减速、怠速等非稳定行驶工况，因此，它只能反映汽车在一定车速下的燃料经济性，而不能作为全面考核汽车运行的燃料经济性的参考指标。

2. 循环工况百千米油耗

循环工况百千米油耗是按规定的循环行驶试验工况来模拟汽车的实际运行工况，折算成 100 km 的燃料消耗量（L/100 km）。所模拟的运行工况主要有换挡、怠速、加速、减速、等速、离合器脱开等。车型不同时，实际行驶的状况也会有所差异。因此，百千米油耗检测的多工况循环、多工况规范也不一样。如百千米油耗检测时，我国乘用车常采用十五工况循环，城市客车和双层客车常采用四工况循环，货车常采用六工况循环等。

循环工况百千米油耗是一项综合性评价指标，由于循环工况百千米油耗试验考虑了汽车的实际运行工况，因此，它可以比较全面地评价汽车的燃料经济性。

二、汽车燃料消耗量限值

国家标准《乘用车燃料消耗量限值》（GB 19578—2021）规定了我国生产车（乘用车）燃料消耗量的限值。

1. 装有手动挡变速器且具有三排以下座椅的车辆的燃料消耗量限值应按式（3–1）~式（3–3）计算，计算结果圆整至小数点后两位：

如果整车整备质量 $CM \leqslant 750$，则

$$FC_L=5.82 \tag{3–1}$$

如果 $750<CM \leqslant 2\,510$，则

$$FC_L=0.004\,1\times(CM-1\,415)+8.55 \tag{3–2}$$

如果 $CM>2\,510$，则

$$FC_L=13.04 \tag{3–3}$$

式中 CM——整车整备质量，kg；

FC_L——车型燃料消耗量限值，L/100 km。

2. 其他车辆的燃料消耗量限值应按式（3–4）~式（3–6）计算，计算结果圆整至小数点后两位：

如果整车整备质量 $CM \leqslant 750$，则

$$FC_L=6.27 \tag{3–4}$$

如果 $750<CM \leqslant 2\,510$，则

$$FC_L=0.004\,2\times(CM-1\,415)+9.06 \tag{3–5}$$

如果 $CM>2\,510$，则

$$FC_L=13.66 \tag{3–6}$$

3. 与限值对应 CO_2 排放量的参考值应按式（3–7）进行计算，计算结果圆整至小数点后两位：

$$R_{CO_2}=K_{CO_2}\times FC_L/100 \tag{3–7}$$

式中 R_{CO_2}——车型燃料消耗量限值对应 CO_2 排放量的参考值，g/km；

K_{CO_2}——转换系数，对于燃用汽油的车型为 2.37×10^3，燃用柴油的车型为 2.60×10^3，g/L；

FC_L——车型燃料消耗量限值，L/100 km。

任务 2　影响汽车燃料经济性的主要因素

学习目标

1. 熟悉汽车结构因素对燃料消耗量的影响。
2. 熟悉汽车使用因素对燃料消耗量的影响。

影响汽车燃料经济性的因素很多，汽油的燃料经济性主要取决于发动机的特性和汽车的自重、车速及各种运动阻力，以及汽车的技术状况、驾驶和操作技术水平等。下面主要从汽车结构因素和使用因素两个方面对燃料经济性进行分析。

一、汽车结构因素对燃料消耗量的影响

1. 发动机的影响

发动机的热效率直接影响发动机的有效燃料消耗率，影响汽车的燃料消耗量。发动机的热效率又取决于发动机的类型、压缩比、负荷率等。

（1）发动机的类型

柴油机比汽油机的热效率高，特别是在部分负荷时柴油机的有效燃料消耗率较低，这一点对车用发动机尤为重要。柴油车的燃料消耗（按容量计算）比汽油车节省20%～45%。

（2）发动机的压缩比

压缩比越大，发动机的热效率越高，提高压缩比是提高汽油机燃料经济性的主要措施之一。但过高的压缩比会引起爆燃和表面点火，特别是会引起严重的排气污染。因此，只能适当提高压缩比，以改善发动机的燃料经济性。为了控制尾气中的有害气体成分，特别是高温、高压条件下 NO_X 的产生，汽油机的压缩比应限制在 12 以下。

（3）发动机的负荷率

由发动机的负荷特性可知，在转速一定的条件下，负荷率较高时，有效燃油消耗率较低，发动机在中等转速、较高负荷率下工作时，其燃料经济性较好。根据试验，一般汽车在水平良好的路面上以常用速度行驶时，只利用到相应转速下最大功率的 40%～

50%，相当于发动机最大功率的 20% 左右。由此可见，在汽车实际使用中的大部分时间内，发动机的负荷率都是较低的。因此，在保证动力性足够的前提下，汽车上不宜装用功率过大的发动机，以提高发动机的功率利用率，降低汽车的耗油量。在使用中，应该力求提高发动机的负荷率。

2. 传动系统的影响

汽车传动系统的挡位数、传动比及传动效率对汽车燃料经济性都有很大影响。为了降低汽车的燃料消耗量，发动机的有效燃料消耗率的数值应尽可能小，且发动机还应工作在特性曲线的最佳比油耗区。传动系统的传动比（主要是变速器的传动比）影响发动机工作特性曲线与汽车行驶阻力之间的匹配。传动系统的传动比应使发动机在经济工况下工作。

（1）变速器挡位的影响

在一定的行驶条件下，变速器应尽量用较高的挡位。例如，在良好的水平路面上以某些速度行驶时，既可用最高挡行驶又可用次高挡行驶时，采用最高挡行驶比较省油。

有级变速器的挡位增多以后，可根据汽车行驶阻力的变化选择恰当的挡位，使发动机处于经济工况下运转的机会增多。重型汽车和牵引车的传动系统挡位数多达 10～12 个，有利于改善汽车的燃料经济性。但挡位数过多，会使变速器或传动系统结构复杂，操作不便。

如果无级变速器的传动效率与机械式有级变速器同样高，则采用无级变速器更理想，它可使发动机的工作特性与汽车的行驶工况始终有最佳的匹配。

（2）超速挡的应用

为了改善汽车在良好路面上行驶时的燃料经济性，通常不改变主减速器传动比，而在变速器中设置一个传动比小于 1 的超速挡。在相同的车速和道路条件下，使用超速挡比使用直接挡时发动机的转速低，负荷率高，因此燃料消耗率下降。

（3）主减速器传动比的影响

主减速器的传动比较小时，在相同的道路条件和车速下，也会使发动机的燃料消耗率减小，有利于提高汽车的燃料经济性。但主减速器传动比过小，会导致经常被迫使用低一挡的挡位，最小传动比挡位的利用率降低，反而使燃料消耗量增加。

（4）传动系统的机械效率

传动系统的机械效率越高，传动过程中的功率损失越少，汽车的燃料消耗量也随之减少。

3. 汽车总质量的影响

汽车的滚动阻力、坡道阻力和加速阻力均与汽车总质量成正比。当汽车载质量或拖挂总质量增加时，汽车单位行驶里程的燃料消耗量增加。但载质量增加使发动机的负荷率提高，有效燃料消耗率减小，汽车运输单位工作量的燃料消耗量减少。因此，减轻汽车的自身质量、增大汽车的载质量或拖挂质量，都可以改善汽车的燃料经济性。

4. 空气阻力的影响

空气阻力与汽车的迎风面积、空气阻力系数、车速的平方均成正比。车速越高，空气阻力占整个行驶阻力的比例越大。因此，降低空气阻力来提高燃料经济性，在高速行驶时效果尤为显著。

降低空气阻力系数的方法主要是使车身形状近似于流线型，并去掉车身表面的凸起部分。一般乘用车空气阻力系数为 0.40 左右。优化车身形状设计的乘用车，由于去掉车身外表面和车窗玻璃之间的凸起、车身底部平整化等，因此空气阻力系数降低到 0.22。

5. 滚动阻力的影响

滚动阻力与滚动阻力系数成正比，因此应减小滚动阻力系数。减小滚动阻力的方法有采用子午线轮胎、采用耗能少的车轮侧面设计、改进橡胶材料等。与斜交轮胎相比，子午线轮胎的滚动阻力可以大幅度减小，车速越高差别越大。

二、汽车使用因素对燃料消耗量的影响

汽车燃料消耗量还取决于汽车的技术状况、驾驶和操作技术水平以及相关的汽车运行条件。

1. 汽车的技术状况

为了保持汽车的技术状况良好，必须正确执行汽车维修规范。正确的保养和调整可以提高发动机性能并降低汽车的行驶阻力。

汽油机点火系统的技术状况，如点火时刻、点火提前角和火花塞型号等，都对燃料燃烧过程有很大影响，因此会影响汽车的燃料经济性。

汽车底盘的技术状况与汽车维护、保养的关系很大。正确调整传动系统齿轮副的啮合间隙、轴承和油封的预紧度以及适当的润滑都可以提高传动效率。前轮定位、制动器的正确调整可以减小汽车的行驶阻力。以上这些措施均有利于降低汽车的燃料消耗量。

轮胎气压对滚动阻力系数的影响很大。若轮胎气压降低 30%，以 40 km/h 速度行驶，则乘用车油耗增加 5%～10%，货车增加 20%～25%。

燃料和润滑油的质量对汽车的燃料消耗量也有很大影响。

2. 驾驶和操作技术水平

正确的使用和驾驶操作可以降低汽车的燃料消耗量。

保持发动机冷却液温度和机油温度正常。一般冷却液温度为 80～90 ℃时，有利于降低油耗。冷却液温度过高容易引起燃烧不正常，致使发动机功率下降及油耗增加；冷

却液温度过低，则使冷却损失增加，机油黏度过高，机件运动阻力增加，油耗也会增加。传动系统各总成温度应保持正常。温度过低时传动系统的功率损失增加，使汽车的耗油量增加。

对于手动挡汽车，合理利用加速 – 滑行的行驶方法可降低燃料消耗量。在相同的平均速度下，加速 – 滑行比等速行驶更省油。加速时提高汽车的动能，脱挡滑行时，这部分动能释放出来用以克服行驶阻力。加速时要确保行车安全，滑行时发动机不应熄火。

3. 汽车的运行条件

汽车的运行条件如气候、地理位置、道路条件等，对汽车燃料经济性的影响很大。

我国各地区气候和地理条件差别很大，而汽车设计是按一般条件来考虑的。针对当地特殊环境，对汽车、发动机部件等做相应的改变，能消除或减轻特殊环境对汽车性能的影响，达到节油的目的。例如，在高原地区运行的汽车，提高压缩比，可使功率有所恢复；在山区及丘陵地区安装下坡或怠速节油器，可节约下坡滑行时不必要的燃料消耗；发动机冷却风扇采用风扇离合器，根据发动机工作温度调节供给冷却系的风量，既可减少驱动附件的动力消耗，又可缩短发动机的预热时间，在北方地区有明显的节油效果。

道路条件对汽车的燃料消耗量的影响也很大。在道路阻力系数增大时，汽车最低燃料消耗量对应的经济车速减小。

任务 3　汽车燃料经济性的检测设备

学习目标

1. 了解汽车燃料消耗量检测设备的结构、类型和检测原理。
2. 熟悉油耗仪的安装方法。

汽车道路试验或整车在底盘测功机上测量燃料消耗量时，是测定汽车通过一定路程时消耗的燃料量和通过时间，由燃料量、路程和通过时间计算试验车速下汽车单位里程燃料消耗量（L/km）、百千米燃料消耗量（L/100 km）、百吨千米燃料消耗量［L/（100 t · km）］或每升燃料行驶的里程（km/L）。

一、汽车燃料消耗量检测设备

汽车燃料消耗量由油耗检测仪来测量。油耗检测仪由油耗传感器和显示装置组成，二者用电缆线连接，如图 3–3–1 所示。测量汽车燃料消耗量时，可以采用测定其容积、质量、流量、流速和压力等方法，其中容积法较为常用。下面主要介绍容积式油耗检测仪。

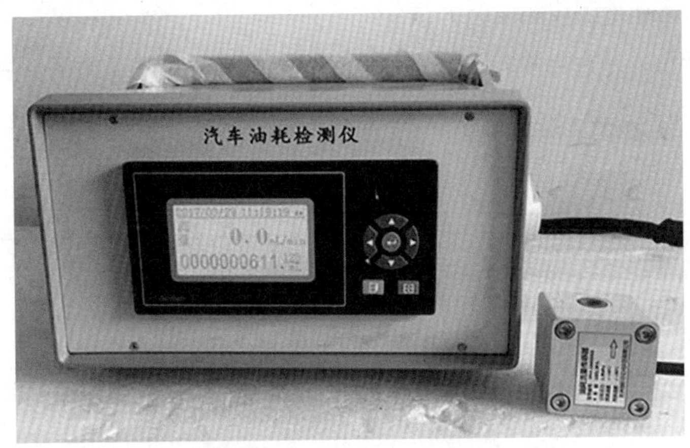

图 3–3–1　汽车油耗检测仪

容积式油耗检测仪的检测原理是测量发动机运转时累计消耗的燃料总容量、汽车行驶时间和行驶里程，然后将三者换算成汽车的燃料消耗量。

容积式油耗检测仪分为定容式和容量式两种。定容式油耗检测仪主要用于汽油发动机的台架试验，它通过测量消耗一定容积的燃料所需的时间来计算燃料消耗量，因此不能用于瞬时油耗的测量。

容量式油耗检测仪可以连续测量，按结构分为膜片式、往复活塞式和四活塞联动式等。其中，膜片式油耗检测仪具有结构简单、密封性好、对燃料清洁性要求低的优点，但使用中膜片易产生塑性变形，因此需要经常校准；往复活塞式油耗检测仪的密封和排气不易解决，使用较少；四活塞联动式油耗检测仪具有结构紧凑、布置对称、计量精度高、适合道路试验的优点。

二、油耗检测仪的安装方法

汽车燃料经济性检测是由底盘测功机和油耗检测仪配合完成的。合理布置检测油路和排净油路中的空气对保证检测准确性是至关重要的。

为了准确测量汽车的燃料消耗量，在安装和使用油耗检测仪时需要注意以下两点：

一是油耗检测仪的进、出油管最好为透明塑料管，以便于观察燃油中有无气体。供油管中如存在气体将导致测量误差。

二是经油耗检测仪计数的燃油必须全部进入燃烧室，不得产生二次计数。

针对不同的发动机供油系统，油耗检测仪的安装方法具有不同的特点和方式。

1. 汽油车油耗检测仪的安装方法

由于电喷式汽油发动机的喷油压力大，回油量多且油温较高，对电喷式发动机进行燃料消耗量测量时，需要特别注意油耗检测仪在管路中的安装方法。对电喷式发动机的油耗测试可采用电喷式油耗检测仪或普通油耗检测仪。

（1）电喷式油耗检测仪的安装方法

图 3–3–2 所示为采用电喷式油耗检测仪进行燃料消耗量测量时的安装方法。

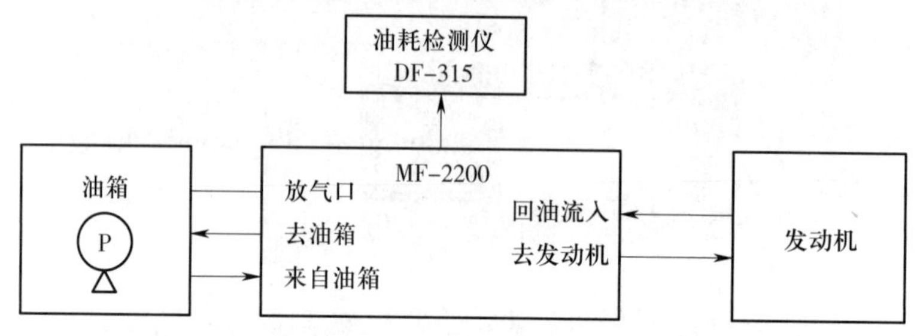

图 3–3–2　电喷式油耗检测仪的安装方法

（2）普通油耗检测仪的安装方法

普通油耗检测仪的安装方法与电喷式油耗检测仪基本相同，不同的是用两个普通油耗检测仪分别串联到发动机的进油管路和回油管路中，分别测量进油管路和回油管路的燃料消耗量，最终取两者的差值作为发动机的燃料消耗量。经过一段时间的预热行驶后，大量的回油流入油箱进行热交换，使油箱内的燃油温度与供给发动机的燃油温度基本平衡。由于仪器和人为因素影响较大，普通油耗检测仪用于油耗测量时的误差很难消除。

2. 柴油车油耗检测仪的安装方法

柴油车供油系与汽油车供油系不同，油路连接方式也有所不同。

（1）安装柱塞式喷油泵的柴油发动机

采用柱塞式喷油泵的柴油车供油系由油箱、燃油滤清器、输油泵、低压油管、喷油泵、高压油管和喷油器等组成。发动机工作时，利用输油泵将柴油从油箱泵出，经燃油滤清器滤清后由喷油泵增压，再通过高压油管送到喷油器，输送到喷油器的燃油绝大部分喷入燃烧室中燃烧，只有从柱塞配合间隙中渗漏的少量燃油经回油管回到低压油路中。由于输油泵的供油量比喷油泵的出油量多 3～4 倍，为保证进入喷油泵油室内的油压稳定，燃油滤清器或喷油泵上装有溢流阀，过量的燃油经溢流阀和回油管流向输油泵的进口或直接流回油箱。因此，测量油耗时，只要将油耗检测仪安装在油箱与输油泵之间，并在油耗检测仪输出端的低压油路上增加一个三通阀，将油箱与油耗检测仪之间的回油管接到三通阀上即可，如图 3–3–3 所示。

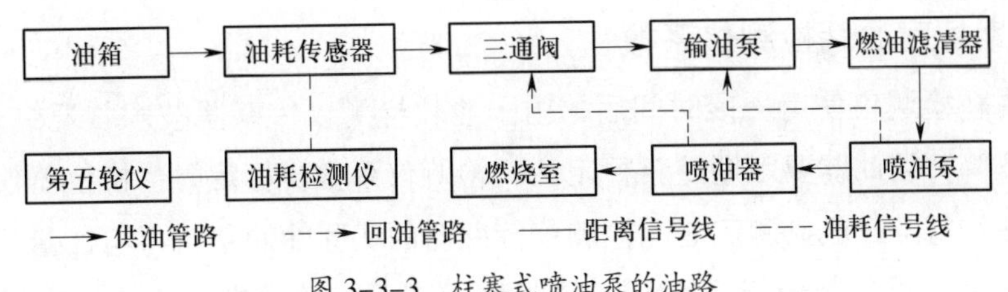

图 3-3-3　柱塞式喷油泵的油路

（2）安装 PT 燃油泵的柴油发动机

安装 PT 燃油泵的柴油车供油系由油箱、燃油滤清器、PT 燃油泵、低压输油管、喷油器和回油管等组成，其特点是 PT 燃油泵为低压油泵，取消了高压油管。从输油泵输出的每循环油量只有小部分（约 20%）喷射到气缸内，其余大部分燃油对喷油器冷却后重新回到油箱内，并有大量的气泡随燃油一起回到油箱。测量油耗时，应将油耗传感器安装在油箱与燃油滤清器之间，在输出端的低压油路上增加一个三通阀，在喷油器的回油管路中增加一个油气分离器和一个散热器，然后接到三通阀上。油气分离器的作用是将喷油器回油管路中的气泡排出；散热器的作用是降低回油温度，保证喷油器可靠工作。将喷油器回油管接到三通阀上，构成一个小循环。油耗传感器所测量的油量仅是每循环喷入气缸的燃油量。因此，可准确地测量安装 PT 燃油泵的柴油车的燃料消耗量。

3. 排除油路中的空气

油路中一旦产生空气，对油耗检测结果的影响非常大。油耗检测仪把空气所占的容积当作燃料消耗量计算，使检测数据高于实际数据，造成结果失真。

（1）排除汽油机油路中的空气

测量油耗时，必须先排除空气。把汽车从油箱到汽油泵的管路“短路”，装上新的、密封性好的、无堵塞的油管，用性能较稳定的电动汽油泵和汽油滤清器代替原车的相应部件，缩短油泵到油耗检测仪的油管长度，减小油泵到油耗检测仪的阻力，避免气泡对检测结果产生不良的影响。

（2）排除柴油机油路中的空气

在柴油车油路中装好油耗检测仪后，需用手动泵泵油排除油路中的气泡。它与汽油车的差别主要有两点：一是汽油车可以在启动后排除空气，而柴油车必须在启动之前排尽油路中的空气；二是汽油车在拆去油耗检测仪恢复原油路时，无须排除空气，而柴油车拆去油耗检测仪恢复原油路后仍需排除油路中刚产生的空气。

（3）气体分离器排除空气

测量开始前应将管道中的气体排净，也可在油耗检测仪传感器进口处串接气体分离器。气体分离器的结构如图 3-3-4 所示。

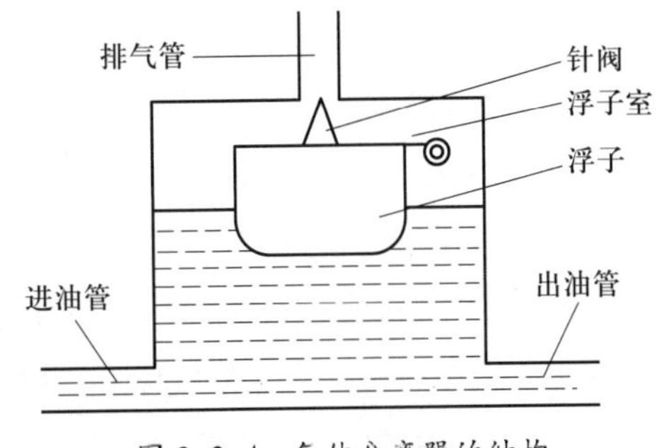

图 3-3-4　气体分离器的结构

4. 定期标定油耗检测仪系数

车用油耗检测仪使用一段时间后，由于油耗检测仪传感器技术状况会发生变化，测量精度下降，因此需要定期重新标定油耗检测仪系数。标定时，按仪器使用说明书介绍的方法进行。一般先测定油耗检测仪传感器的实际输油量，再与计量显示仪表的指示量相比较，求出新的标定系数。仪器的指示误差通过确定新的标定系数得到校正。

任务 4　汽车燃料经济性的检测

学习目标

1. 熟悉等速百千米油耗的检测。
2. 掌握多工况百千米油耗的检测。

汽车燃料经济性检测即检测汽车的燃油消耗量。汽车燃油消耗量可以通过台架试验或道路试验测得。

一、等速百千米油耗的检测

1. 等速百千米油耗的台架试验

等速百千米油耗的台架试验是利用底盘测功机和油耗检测仪配合使用完成的。检测时，将汽车驱动轮置于底盘测功机滚筒上，利用底盘测功机滚筒模拟连续移动的路面，利用底盘测功机加载装置模拟汽车的行驶阻力。当试验车速一定时，通过底盘测功机测得试验车速和距离，通过油耗检测仪测得相应油耗，这样可以折算出汽车等速行驶的百千米燃油消耗量（L/100 km）。

（1）检测条件

1）环境条件。环境温度为 0～40 ℃，环境湿度小于 85%，大气压力为 80～110 kPa。

2）检测设备。检测设备主要是底盘测功机和油耗检测仪，要求检测设备精度足够，符合使用要求。测试前，底盘测功机应预热至正常工作温度，油耗检测仪和气体分离器的安装位置应正确，供油系气体应排除干净。

3）被测车辆。汽车为额定载质量，车辆轮胎规格和气压应符合技术条件的规定。

（2）安全注意事项

1）被测车辆旁必须配备性能良好的灭火器。

2）油耗检测仪传感器所用油管应透明、耐油、耐压，油管接头用合格的环形夹箍固定，不得用铁丝缠绕，并确保其无渗漏。

3）拆卸油管时，必须用沙盘接油，不允许用棉纱或其他易燃物接油，不允许燃油流到发动机排气管上。

4）测试时，发动机舱盖应打开，以便观察有无渗漏现象。测试完毕安装好原管路后启动发动机，在确保无任何渗漏时，方可盖上发动机舱盖。

5）连接油路时，油耗传感器底板应处于水平状态，并注意进出口方向；不使用油耗传感器时，进出油口必须加保护套，以防异物进入。

（3）模拟加载量

在用台架检测汽车的等速百千米油耗时，底盘测功机的加载量对检测结果具有重要影响。假设汽车在平直道路上以规定车速满载等速行驶，则汽车克服滚动阻力和空气阻力所消耗的驱动轮功率为

$$P_K = \frac{v}{3\ 600}\left(Gf + \frac{C_d A v^2}{21.15}\right) \tag{3-8}$$

式中　P_K——驱动轮输出功率，kW；

v——车速，km/h；

G——汽车总重，N；

f——滚动阻力系数；

C_d——空气阻力系数；

A——迎风面积，m^2。

若用加载装置来模拟汽车此时的行驶阻力，汽车驱动轮的输出功率应等于底盘测功机加载装置的加载功率与底盘测功机内部摩擦阻力的功率之和。

（4）检测方法

1）将被检车辆停稳至底盘测功机，落下举升机平板，逐挡加速至常用挡位（直接挡或超速挡），同时给滚筒加载，使车辆模拟道路行驶，直至达到规定的试验车速。

2）待规定的试验车速稳定后，测量等速通过 500 m 行程的时间（s）和燃料消耗量（mL）。同一试验车速连续测量 2 次，取燃料消耗量的算术平均值。

试验车速从 20 km/h（最小稳定车速高于 20 km/h 时从 30 km/h 开始）开始，以车速的 10 km/h 的整数倍均匀选取车速，直至最高车速的 90%，至少测定 5 个试验车速。

3）根据通过的行程和时间，计算出实际试验车速；根据通过的行程和燃料消耗量，计算出等速百千米燃料消耗量。

4）以实际试验车速为横轴，燃料消耗量为纵轴，绘制等速燃料消耗量散点图，根

据散点图绘制等速燃料消耗量特性曲线（图 3–1–1），并分析、判断燃料供给系、发动机及整车的技术状况。

（5）试验数据校正

实际试验车速燃料消耗量的测量值均应按校正公式校正到标准状态下的数值，一般由工位计算机自动完成校正。标准状态是指环境温度为 20 ℃，大气压力为 100 kPa，汽油密度为 0.742 g/mL，柴油密度为 0.830 g/mL。

2. 乘用车等速百千米油耗的道路试验

（1）道路条件和气象条件

道路应干燥，路面不能有任何积水。平均风速小于 3 m/s，阵风不应超过 5 m/s。

（2）车辆准备

在第一次测量之前，车辆应充分预热，并达到正常工作条件。在每次测量之前，车辆应在试验道路上以尽可能接近试验速度的速度（该速度在任何情况下与试验速度相差应不大于 ±5%）行驶至少 5 km，以保持发动机达到正常工作温度。

在测量燃料消耗量时，若速度变化超过 ±5%，冷却液、机油和燃油温度变化应不超过 ±3 ℃。

（3）试验用道路

试验路段的长度应至少为 2 km，可以是封闭的环形路（试验路程必须为完整的环形路），也可是平直路（试验在两个方向上进行）。

试验道路应能保证车辆按规定等速、稳定行驶，路面应保持良好状态，在试验道路上任意两点间的纵向坡度应不超过 2%。

（4）试验车速

为了确定在规定速度行驶时的燃料消耗量，应至少在低于或等于规定速度时进行两次试验，并在至少等于或高于规定速度时进行另两次试验。在每次试验行驶期间，平均速度与试验规定速度之差应不超过 2 km/h。

（5）计算燃料消耗量

使用重量法或容积法计算每次试验行程的燃料消耗量。

二、多工况百千米油耗的检测

1. 商用车多工况百千米油耗的台架试验

多工况百千米油耗的台架试验需要在具有模拟汽车行驶动能的飞轮装置，并采用自动控制的综合式底盘测功机上，按规定的试验循环进行。

（1）检测条件

1）装载质量。M_2、M_3 类城市客车为装载质量的 65%，其他车辆为满载。装载质量应均匀分布且固定牢靠，试验过程中不得晃动和颠簸。

2）飞轮装置转动惯量。飞轮装置转动惯量的大小对循环工况百千米油耗试验精度具有重要影响。飞轮的转动惯量应根据被检汽车行驶的动能与底盘测功机检测时旋转部件动能相等的原则确定。有的底盘测功机，在不同车速、检测不同车型时，能对其飞轮装置的转动惯量进行自动修正，以满足检测精度的要求。

3）模拟加载量。加载装置提供适当的加载量以模拟汽车的行驶阻力，可根据循环工况的要求确定适当的加载功率。检测时，底盘测功机会根据设定方案自动控制加、减载荷。

4）其他条件与等速百千米油耗道路试验相同。

（2）检测规范

检测要求及车型不同，其检测规范不尽相同。我国针对载货汽车、城市公共汽车和乘用车制定了相应的燃料经济性试验规范。

1）四工况循环

国家标准《商用车辆燃料消耗量试验方法》（GB/T 12545.2—2001）规定的四工况循环如图 3-4-1 所示，各工况的具体说明见表 3-4-1。四工况循环适用于城市客车和双层客车（包括城市铰接式客车）。

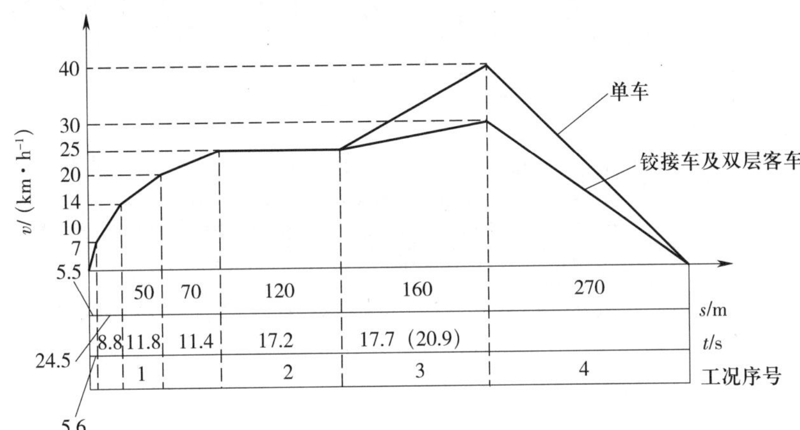

图 3-4-1　四工况循环

表 3-4-1　四工况循环规范

工况序号	运转状态 /（km·h^{-1}）	行程 /m	累积行程 /m	时间 /s	变速器挡位及换挡车速	
					挡位	换挡车速 /（km·h^{-1}）
1	0 → 25 换挡加速	5.5	5.5	5.6	Ⅱ→Ⅲ	6 → 8
		24.5	30	8.8	Ⅲ→Ⅳ	13 → 15
		50	80	11.8	Ⅳ→Ⅴ	19 → 21

续表

工况序号	运转状态 /（km·h⁻¹）	行程 /m	累积行程 /m	时间 /s	变速器挡位及换挡车速	
					挡位	换挡车速 /（km·h⁻¹）
1	0→25 换挡加速	70	150	11.4	V	
2	25	120	270	17.2	V	
3	（30）25→40	160	430	（20.9）17.7	V	
4	减速行驶	270	700	—	空挡	

注：1. 对于 5 挡以上变速器采用Ⅱ挡起步，按表中规定循环试验；对于 4 挡变速器采用Ⅰ挡起步，将Ⅳ挡代替表中Ⅴ挡，其他依次代替，按表中规定试验循环进行。

2. 括号内数字适用于铰接式客车及双层客车。

2）六工况循环

国家标准《商用车辆燃料消耗量试验方法》（GB/T 12545.2—2001）规定的六工况循环如图 3-4-2 所示，各工况的具体说明见表 3-4-2。六工况循环适用于城市客车和双层客车以外的车辆。

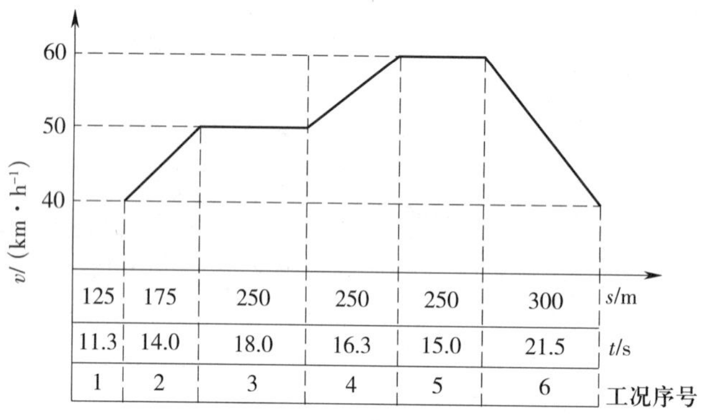

图 3-4-2 六工况循环

表 3-4-2 六工况循环规范

工况序号	运转状态 /（km·h⁻¹）	行程 /m	累积行程 /m	时间 /s	加速度 /（m·s⁻²）
1	40	125	125	11.3	—
2	40→50	175	300	14.0	0.20
3	50	250	550	18.0	—
4	50→60	250	800	16.3	0.17
5	60	250	1 050	15.0	—
6	60→40	300	1 350	21.5	0.26

2. 商用车多工况百千米油耗的道路试验

（1）试验方法

1）尽量用高速挡进行试验，当高速挡达不到工况要求、超出规定偏差时，应降低一挡进行，当车辆进入可使用高速挡行驶的等速行驶路段和减速行驶路段时，再换入高速挡进行试验。换挡应迅速、平稳。

2）减速行驶时，应完全放松加速踏板，离合器仍接合。当试验车速降至 10 km/h 时，分离离合器，必要时，减速工况中允许使用车辆制动器。

（2）试验值偏差

试验车辆在多工况的最终速度偏差为 ±3 km/h，其他各工况速度偏差为 ±1.5 km/h。

在各种行驶工况改变过程中，允许车速的偏差大于规定值，但在任何条件下超过车速偏差的时间不大于 1 s，即时间偏差为 ±1 s。

（3）燃料消耗量的确定

每循环试验后，应记录通过循环试验的燃料消耗量和通过的时间。当按试验循环完成一次试验后，车辆应迅速调头，重复试验。试验往返各进行两次。取四次试验结果的算术平均值为多工况燃料消耗量试验的测定值。

3. 乘用车多工况百千米油耗的台架试验

国家标准《汽车燃料消耗量试验方法　第 1 部分：乘用车燃料消耗量试验方法》（GB/T 12545.1—2008）规定，多工况燃油消耗量试验运转循环由 1 部（4 个市区运转循环）和 2 部（1 个市郊运转循环）组成，如图 3-4-3 所示。

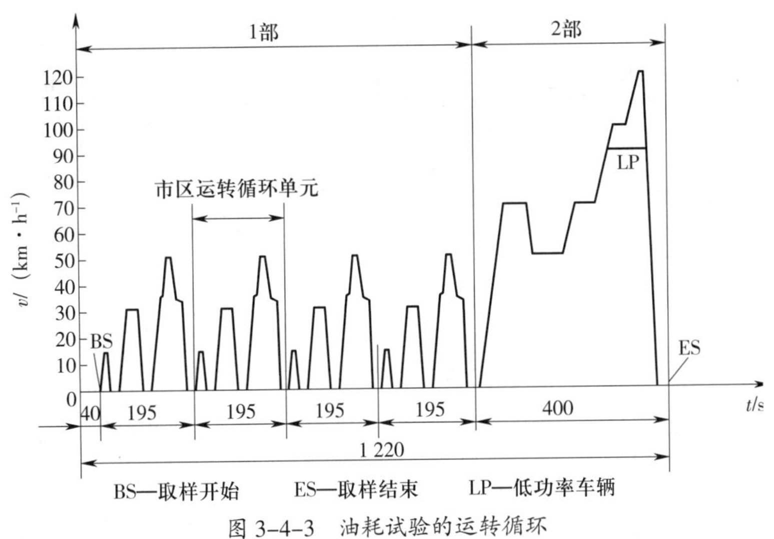

图 3-4-3　油耗试验的运转循环

其中市区运转循环为十五工况循环，如图 3-4-4 所示。用来模拟汽车在市区条件下的行驶工况，各工况的说明详见表 3-4-3。市郊运转循环为十三工况循环，如图 3-4-5 所示，用来模拟汽车在市郊条件下的行驶工况，各工况的说明详见表 3-4-4。

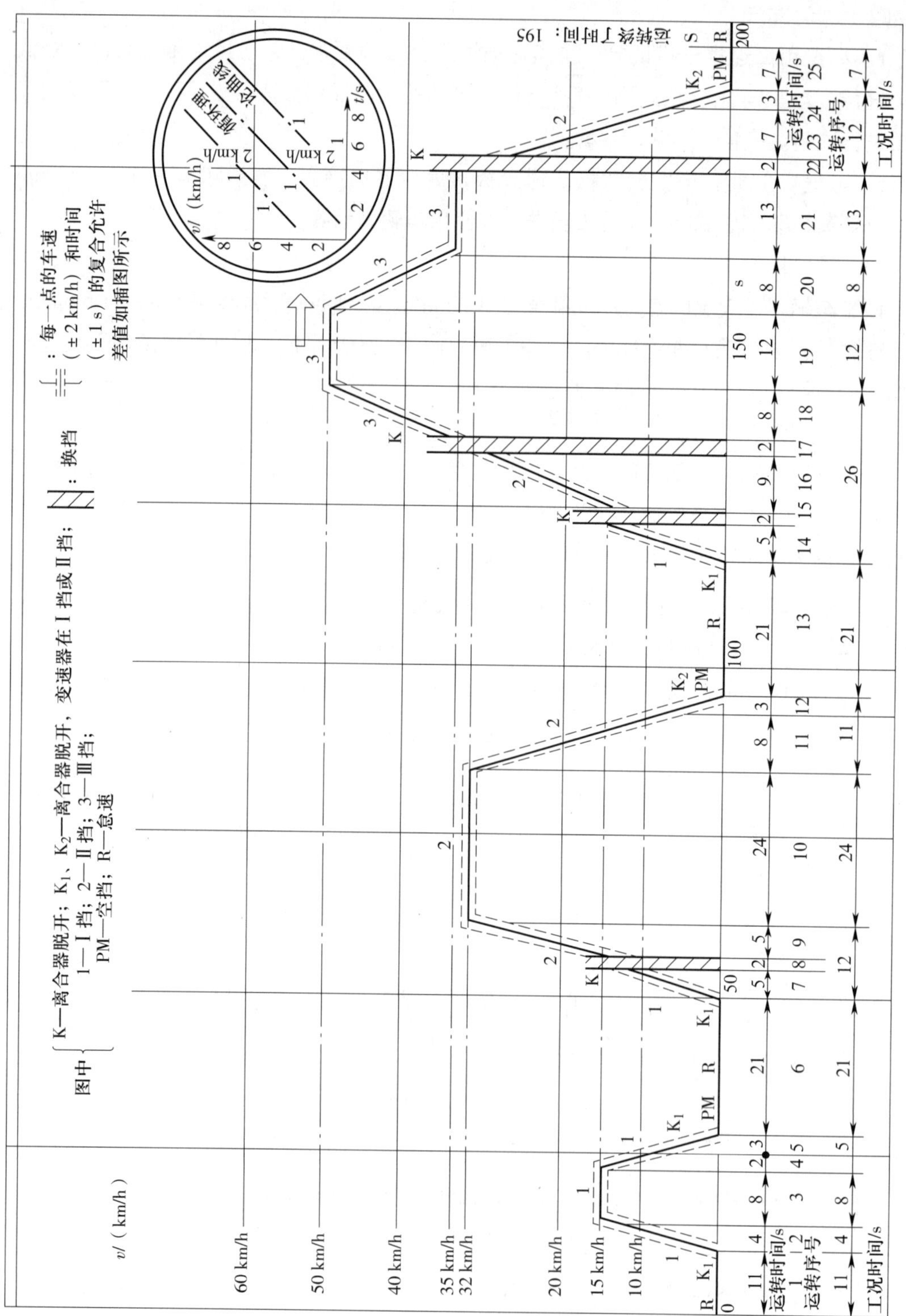

图 3-4-4　市区十五工况循环

表 3-4-3　　市区十五工况循环规范

工况	操作		加速度 /（$m \cdot s^{-2}$）	速度 /（$km \cdot h^{-1}$）	每次时间		累计时间 /s	手动变速器使用挡位
	操作序号	状态			操作 /s	工况 /s		
1	1	怠速	—	—	11	11	11	6sPM[①] + 5sK_1[②]
2	2	加速	1.04	0 → 15	4	4	15	1
3	3	等速	—	15	8	8	23	1
4	4	等速	-0.69	15 → 10	2	5	25	1
	5	减速 / 离合器脱开	-0.92	10 → 0	3		28	K_1
5	6	怠速	—	—	21	21	49	16sPM+5sK_1
6	7	加速	0.83	0 → 15	5	12	54	1
	8	换挡	—	—	2		56	—
	9	加速	0.94	15 → 32	5		61	2
7	10	等速	—	32	24	24	85	2
	11	减速	-0.75	32 → 10	8	11	93	2
8	12	减速 / 离合器脱开	-0.92	10 → 0	3		96	K_2
9	13	怠速	—	—	21	21	117	16sPM+5sK_1
10	14	加速	0.83	0 → 15	5	26	122	1
	15	换挡	—	—	2		124	—
	16	加速	0.62	15 → 35	9		133	2
	17	换挡	—	—	2		135	—
	18	加速	0.62	15 → 35	8		143	3
11	19	等速	—	50	12	12	155	3
12	20	减速	-0.52	50 → 35	8	8	163	3
13	21	等速	—	35	13	13	176	3
14	22	换挡	—	—	2	12	178	—
	23	减速	-0.86	32 → 10	7		185	2
	24	减速 / 离合器脱开	-0.92	10 → 0	3		188	K_2
15	25	怠速	—	—	7	7	195	7sPM

注：①PM—变速器置空挡，离合器接合。

②K_1、K_2—变速器置于Ⅰ挡或Ⅱ挡，离合器脱开。

③对于自动变速器汽车，驾驶员可根据工况自行选择合适的挡位。

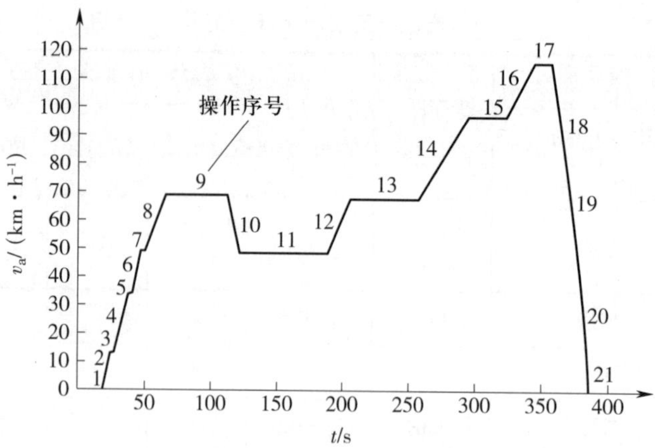

图 3-4-5　市郊十三工况循环

表 3-4-4　　　　市郊十三工况循环规范

工况	操作		加速度 /（m·s^{-2}）	速度 /（km·h^{-1}）	每次时间		累计时间 /s	手动变速器使用挡位
	序号	状态			操作 /s	工况 /s		
1	1	怠速	—	—	20	20	20	K_1[①]
	2	加速	0.83	0→15	5		25	1
	3	换挡	—	—	2		27	—
	4	加速	0.62	15→35	9		36	2
2	5	换挡	—	—	2	41	38	—
	6	加速	0.52	35→50	8		46	3
	7	换挡	—	—	2		48	—
	8	加速	0.43	50→70	13		61	4
3	9	等速	—	70	50	50	111	5
4	10	减速	−0.69	70→50	8	8	119	4 s×5+4 s×4
5	11	等速	—	50	69	69	188	4
6	12	加速	0.43	50→70	13	13	201	4
7	13	等速	—	70	50	50	251	5
8	14	加速	0.24	70→100	35	35	286	5
9	15	等速	—	100	30	30	316	5[②]
10	16	加速	0.28	100→120	20	20	336	5[②]
11	17	等速	—	120	10	10	346	5[②]

续表

工况	操作		加速度 /（m·s^{-2}）	速度 /（km·h^{-1}）	每次时间		累计时间 /s	手动变速器使用挡位
	序号	状态			操作 /s	工况 /s		
12	18	减速	-0.69	120→80	16	34	362	5②
	19	减速	-1.04	80→50	8		370	5②
	20	减速 / 离合器脱开	-1.39	50→0	10		380	$K_5$①
13	21	怠速	—	—	20	20	400	PM③

注：①K_1（或 K_5）—变速器置于 I 挡（或 V 挡），离合器脱开。

②如车辆装有多于 5 挡的变速器，使用附加挡位时应与制造厂推荐的相一致。

③PM—变速器置于空挡，离合器接合。

燃料消耗量的道路试验与台架试验相比，需要有良好的道路条件和气候条件。

模块四

汽车制动性能检测

汽车制动性能是汽车重要的使用性能之一。制动性能的好坏直接关系到行车安全，性能良好、可靠的制动系统可保证行车安全，避免交通事故；反之，则很容易造成恶性交通事故。同时，制动性能的好坏还会影响汽车动力性的发挥。制动性能检测是汽车安全性检测的重点项目之一。

任务1　汽车制动性能的评价指标及检测标准

学习目标

1. 熟悉汽车制动性能的评价指标。
2. 了解汽车制动性能检测的一般技术要求。
3. 熟悉路试检验汽车制动性能的检测标准。
4. 了解台试检验汽车制动性能的检测标准。

一、制动性能的评价指标

汽车制动性能是指车辆在行驶中能强制减速，视需要停车，或下长坡时维持一定行驶速度的能力。车速越高，制动距离越长，制动时间也越长。评价汽车制动性能的指标有制动距离、制动减速度、制动力和制动时间。

1. 制动距离

制动距离是指汽车在规定的道路条件、规定的初始车速下急踩制动踏板时，从脚接触制动踏板起至汽车停住时止汽车驶过的距离。在检测条件一定时，制动距离的长短能反映制动系统的技术状况，制动距离越短，说明汽车制动性能越好。因此，常用制动距离作为路试检测制动性能的评价指标。

2. 制动减速度

由于制动减速度的变化反映了制动力的变化，所以用制动减速度评价制动性能也是可行的。对制动起决定影响的是在制动过程中间的一段，因此，可以用充分发出的平均减速度 *MFDD* 的大小来检验制动性能。

充分发出的平均减速度是指汽车在规定的初速度 v_0 下急踩制动踏板时，测试计算得到的减速度，计算公式如下：

$$MFDD=\frac{v_b^2-v_e^2}{25.92(S_e-S_b)} \tag{4-1}$$

式中　*MFDD*——充分发出的平均减速度，m/s^2；

v_0——汽车制动初速度，km/h；

v_b——$0.8v_0$，汽车速度，km/h；

v_e——$0.1v_0$，汽车速度，km/h；

S_b——在速度 v_0 至 v_b 时汽车驶过的距离，m；

S_e——在速度 v_0 至 v_e 时汽车驶过的距离，m。

制动时，汽车充分发出的平均减速度越大，说明汽车制动力越大，汽车的制动性能就越好。其充分发出的平均减速度与汽车制动力具有等效的意义。因此，常用充分发出的平均减速度作为路试检测制动性能的指标。

充分发出的平均减速度在车辆制动过程中较瞬时减速度稳定，可真实反映汽车制动系统的实际情况。

3. 制动力

汽车在制动力作用下迅速降低车速至停车。当汽车质量一定时，汽车制动力越大，汽车的制动减速度就越大，汽车的制动性能就越好。

利用制动力来评价制动性能可以检查每个车轮制动力的大小，还可以检查前后轴的制动力分配是否合理、左右车轮制动力是否平衡等，对分析制动器的故障和维修均有帮助。汽车制动力能反映汽车制动系统的技术状况，能体现汽车制动过程的实质，它是评价汽车制动性能最本质的检测指标。

4. 制动时间

汽车整个制动过程从时间上可以分为以下几个阶段：

（1）驾驶员大脑接收信息到发出指令的阶段，紧急时为 0.2～0.3 s。

（2）脚移向制动踏板的阶段，紧急时为 0.1～0.2 s。

（3）踏板空行程的阶段，紧急时为 0.05~0.1 s。前面这三个阶段，无制动作用，只有风阻及车辆自身的阻力能降低一点速度。

（4）制动力增长的阶段，紧急时为 0.05~0.1 s。

（5）持续制动阶段。该阶段时间的长短主要取决于制动强度与制动前的车速。

（6）放松制动器的阶段。松开制动踏板后约 0.2 s 内制动强度会降低，如果有 BA（制动辅助系统）功能，要将制动踏板松开到接近原始位置，才能放松。

对制动作用影响较大的是制动协调时间和制动持续时间。国家标准《机动车运行安全技术条件》（GB 7258—2017）中，制动协调时间指在急踩制动踏板时，从脚接触制动踏板（或手触动制动手柄）时起至汽车减速度（或制动力）达到规定的汽车充分发出的平均减速度（或制动力）的 75% 时所需的时间。

制动协调时间是制动器作用时间或滞后时间的主要部分，其长短反映了制动系统传动间隙消除的快慢和制动力增长速度的大小。制动时，制动协调时间越短，则制动距离越短，汽车制动性能越好。

由于制动协调时间只反映制动过程的局部信息。因此，制动协调时间不能单独作为制动性能的检测指标。实际上，只是将制动协调时间作为检测制动力或制动减速度时的一个辅助检测项目。

二、汽车制动性能检测的一般技术要求

对汽车制动系统进行检测时，主要包括两个方面的要求：满足汽车制动的一般技术条件及满足汽车制动路试或台试的检验标准。

1. 机动车应设置足以使其减速、停车和驻车的制动系统或装置，且行车制动的控制装置与驻车制动的控制装置应相互独立。

2. 制动系统各杆件不应与其他部件在相对位移中发生干涉、摩擦，以防杆件变形、损坏。

3. 车辆应具有完好的行车制动系，行车制动应采用双回路或多回路。

4. 行车制动应作用在机动车的所有车轮上。行车制动的制动力应在各轴之间合理分配。机动车行车制动的制动力应在同一车轴左右车轮之间相对机动车纵向中心平面合理分配。

5. 制动器应有磨损补偿装置。制动器磨损后，制动间隙应易于通过手动或自动调节装置来补偿。制动控制装置及其部件、制动器总成应具备一定的储备行程，当制动器发热或制动衬片的磨损达到一定程度时，在不必立即做调整的情况下，应仍保持有效制动。

6. 乘用车行车制动在产生最大制动性能时的踏板力应小于或等于 500 N，其他机动车应小于或等于 700 N。

7. 驻车制动应能使机动车在没有驾驶员的情况下，也能停在上下坡道上。

8. 驻车制动控制装置的安装位置应适当，操纵装置应有足够的储备行程（开关类操作装置除外），一般应在操纵装置全行程的 2/3 以内产生规定的制动性能；驻车制动机构装有自动调节装置时，允许在全行程的 3/4 以内达到规定的制动性能。使用电子控制驻车制动装置时，锁止装置应为纯机械装置，发生断电情况时锁止装置应持续有效。棘轮式制动操纵装置应保证达到规定的驻车制动性能时，操纵杆往复拉动的次数不得超过 3 次。

9. 液压行车制动在达到规定的制动性能时，踏板行程应小于或等于踏板全行程的 3/4。制动器装有自动调整间隙装置的机动车，踏板行程应小于或等于踏板全行程的 4/5，且乘用车应小于或等于 120 mm，其他机动车应小于或等于 150 mm。

10. 采用气压制动的机动车，发动机在 75% 的额定转速下，气压表的指示气压应在 4 min 内从零开始升至起步气压。

11. 气压制动系统应装有限压装置，以确保储气筒内气压不超过允许的最高气压。

12. 采用液压制动的汽车，如液压传动装置任一部件失效，应通过红色报警信号灯警示驾驶员。只要失效继续存在且点火开关处于运行位置，该信号灯应持续发亮。报警信号灯即使在白天也应很醒目，驾驶员在其座位上应能很容易地观察报警信号灯工作是否正常。报警装置失效不应导致制动系统完全丧失制动性能。

三、路试检验汽车制动性能的检测标准

路试检验是指在规定的路面上进行的试验项目。路试检验汽车制动性能包括行车制动性能检验和驻车制动性能检验。

1. 路试检验的基本要求

（1）机动车行车制动性能检验和驻车制动性能检验应在平坦、硬实、清洁、干燥且轮胎与地面间的附着系数大于或等于 0.7 的混凝土或沥青路面上进行。

（2）检验时发动机应与传动系统脱开，但对于采用自动变速器的机动车，其变速器换挡装置应位于前进挡（D 挡）。

2. 行车制动性能检验

行车制动性能检验的方法有两种，一种是通过测量制动距离的方法进行检验，另一种是通过测量平均减速度的方法进行检验。

（1）通过测量制动距离检验行车制动性能

制动稳定性要求是指制动过程中机动车的任何部位（不计入车宽的部位除外）不超出规定宽度的试验通道的边缘线。

机动车在规定的初速度下的制动距离和制动稳定性要求应符合表 4–1–1 的规定。

表 4–1–1　制动距离和制动稳定性的要求

机动车类型	制动初速度/（$km \cdot h^{-1}$）	空载检验时的制动距离要求/m	满载检验时的制动距离要求/m	试验通道宽度/m
三轮汽车	20	≤ 5.0		2.5
乘用车	50	≤ 19.0	≤ 20.0	2.5
总质量小于或等于 3 500 kg 的低速货车	30	≤ 8.0	≤ 9.0	2.5
其他总质量小于或等于 3 500 kg 的汽车	50	≤ 21.0	≤ 22.0	2.5
铰接客车、铰接式无轨电车、汽车列车（乘用车列车除外）	30	≤ 9.5	≤ 10.5	3.0
其他汽车、乘用车列车	30	≤ 9.0	≤ 10.0	3.0

注：对车宽大于 2.55 m 的汽车和汽车列车，其试验通道宽度（m）为“车宽（m）+0.5”。

（2）通过测量平均减速度检验行车制动性能

汽车、汽车列车在规定的初速度下紧急制动时的平均减速度及制动稳定性要求应符合表 4–1–2 的规定，且制动协调时间对液压制动的汽车应小于或等于 0.35 s；对气压制动的汽车，应小于或等于 0.60 s；对汽车列车、铰接客车和铰接式无轨电车，应小于或等于 0.80 s。

表 4–1–2　制动平均减速度和制动稳定性的要求

机动车类型	制动初速度/（$km \cdot h^{-1}$）	空载检验时的平均减速度/（$m \cdot s^{-2}$）	满载检验时的平均减速度/（$m \cdot s^{-2}$）	试验通道宽度/m
三轮汽车	20	≥ 3.8		2.5
乘用车	50	≥ 6.2	≥ 5.9	2.5
总质量小于或等于 3 500 kg 的低速货车	30	≥ 5.6	≥ 5.2	2.5
其他总质量小于或等于 3 500 kg 的汽车	50	≥ 5.8	≥ 5.4	2.5
铰接客车、铰接式无轨电车、汽车列车（乘用车列车除外）	30	≥ 5.0	≥ 4.5	3.0
其他汽车、乘用车列车	30	≥ 5.4	≥ 5.0	3.0

注：对车宽大于 2.55 m 的汽车和汽车列车，其试验通道宽度（m）为“车宽（m）+0.5”。

（3）制动踏板力或制动气压要求

进行制动性能检验时的制动踏板力或制动气压要求见表 4–1–3。

表 4–1–3　制动性能检验时制动踏板力或制动气压要求

检测参数		空载	满载
气压制动系气压表的指示气压/kPa		≤ 750	≤额定工作气压
液压制动系踏板力/N	乘用车	≤ 400	≤ 500
	其他机动车	≤ 450	≤ 700
	三轮汽车	≤ 600	

（4）合格标准

汽车、汽车列车在符合（3）规定的制动踏板力或制动气压下的路试，行车制动性能应符合（1）或（2）的规定，即制动性能合格。

3. 驻车制动性能检验

在空载状态下，驻车制动装置应能保证汽车在坡度为 20%（对总质量为整备质量的 1.2 倍以下的机动车为 15%）、轮胎与路面间的附着系数大于或等于 0.7 的坡道上，正反两个方向保持固定不动，时间应大于或等于 2 min。检验汽车列车时，应使牵引车和挂车的驻车制动装置均起作用。

四、台试检验汽车制动性能的检测标准

汽车台试检验制动性能的项目包括行车制动性能检验和驻车制动性能检验。台试检验制动性能的方法有制动力法、制动距离法和制动减速度法，常用的方法是制动力法。

1. 行车制动性能检验

（1）制动力百分比的要求

汽车、汽车列车在制动检验台上测出的制动力应符合表 4–1–4 的要求。对空载检验制动力有质疑时，可用表 4–1–4 规定的满载检验制动力要求进行检验。使用转鼓试验台检测时，可通过测得制动减速度值计算得到最大制动力。

检验时制动踏板力或制动气压按表 4–1–3 的规定。

表 4–1–4　台试检验制动力的要求

机动车类型	制动力总和与整车重量的百分比 /%		轴制动力与轴荷①的百分比 /%	
	空载	满载	前轴②	后轴②
三轮汽车	—		—	≥ 60③
乘用车、其他总质量小于或等于 3 500 kg 的汽车	≥ 60	≥ 50	≥ 60③	≥ 20③
铰接客车、铰接式无轨电车、汽车列车	≥ 55	≥ 45	—	—
其他汽车	≥ 60④	≥ 50	≥ 60③	≥ 50⑤
挂车	—	—	—	≥ 55⑥

注：①用平板制动检验台检验乘用车、其他总质量小于或等于 3 500 kg 的汽车时，应按左右轮制动力最大时刻所分别对应的左右轮动态轮荷之和计算。

②机动车（单车）纵向中心线中心位置以前的轴为前轴，其他轴为后轴。挂车的所有车轴均按后轴计算；用平板制动试验台测试并装轴制动力时，并装轴可视为一轴。

③空载和满载状态下测试均应满足此要求。

④对总质量小于或等于整备质量的 1.2 倍的专项作业车应大于或等于 50%。

⑤满载测试时后轴制动力百分比不做要求；空载用平板制动检验台检验时应大于或等于 35%；总质量大于 3 500 kg 的客车，空载用反力滚筒式制动检验台测试时应大于或等于 40%，用平板制动检验台检验时应大于或等于 30%。

⑥满载状态下测试时应大于或等于 45%。

（2）制动力平衡的要求

新注册车和在用车在制动力增长全过程中同时测得的左右车轮制动力差的最大值与测得的该轴左右车轮最大制动力中大者（当后轴制动力小于该轴轴荷的 60% 时为与该轴轴荷）的比值，应符合表 4–1–5 的要求。

表 4–1–5　台试检验制动力平衡要求

类型	前轴	后轴	
		制动力大于或等于该轴轴荷 60% 时	制动力小于该轴轴荷 60% 时
新注册车	≤ 20%	≤ 24%	≤ 8%
在用车	≤ 24%	≤ 30%	≤ 10%

（3）制动协调时间的要求

汽车的制动协调时间，对液压制动的汽车，应小于或等于 0.35 s，对气压制动的汽车，应小于或等于 0.60 s；对铰接客车和铰接式无轨电车，应小于或等于 0.80 s。

（4）车轮阻滞力的要求

进行制动力检验时，汽车、汽车列车各车轮的阻滞力均应小于或等于轮荷的 10%。

（5）合格判定的要求

台试检验汽车、汽车列车行车制动性能时，检验结果同时满足（1）~（4）的要求，方为合格。

2. 驻车制动性能检测

当采用制动检验台检验汽车驻车制动装置的制动力时，汽车空载，使用驻车制动装置，驻车制动力的总和应大于或等于该车在测试状态下整车质量的 20%，总质量为整备质量 1.2 倍以下的汽车应大于或等于 15%。

3. 检验结果的复核

对机动车台试检验制动性能结果有异议的，在空载状态下按路试复检。对空载状态路试复检结果有异议的，以满载路试复检结果为准。

任务2 汽车制动的理论分析

学习目标

1. 了解汽车制动过程的分析和制动时车轮的受力分析。
2. 熟悉硬路面上的附着系数与滑移率的关系。
3. 熟悉制动性能的恒定性和制动时的方向稳定性。

一、汽车制动过程的分析

为了更好地理解制动性能的评价指标，需对车辆的制动过程进行分析。图 4–2–1 所示为根据汽车制动过程中的制动减速度随时间的变化曲线而绘制的理想的制动减速度 J_a 随制动时间变化的曲线。

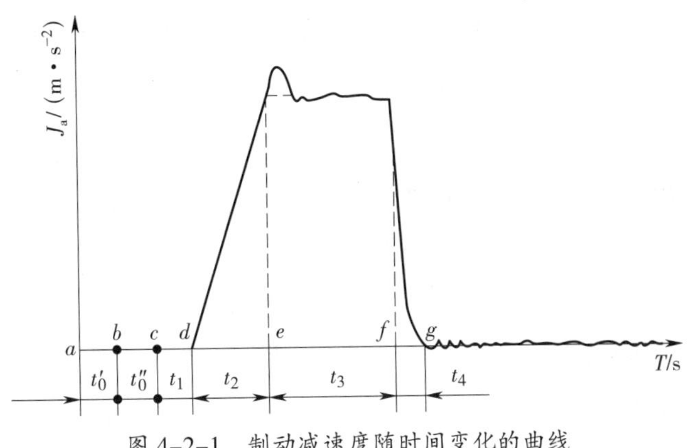

图 4–2–1 制动减速度随时间变化的曲线

1. 当驾驶员接收到需进行紧急制动的信号时（图 4–2–1 中的 a 点），并没有立即采取行动，而要经过 t_0' 秒后才意识到应进行紧急制动，从 b 点移动右脚，经过 t_0'' 秒后到 c 点，开始踩制动踏板。从 a 点到 c 点的时间称为驾驶员的反应时间。

2. 到 c 点后，驾驶员踩下制动踏板，踏板力迅速增加以达到最大值。但由于制动踏板有一定的自由行程，而且要克服制动蹄片回位弹簧的拉力，所以要经过 t_1 秒后到达 d 点，这时制动器才开始产生制动作用，使汽车开始减速。这段时间称为制动系的反应时间。

3. 由 d 点到 e 点是制动器的制动力的增长过程，车辆从开始产生减速度到最大稳定减速度所需要的时间 t_2，一般称为制动减速度（或制动力）的上升时间。

4. 从 e 点到 f 点为持续制动时间 t_3，此段时间内的制动减速度基本不变。

5. 到 f 点时，制动减速度开始消减，但距制动解除还需要一段时间 t_4，这段时间称为制动力的释放时间。

综上所述，制动的全过程包括驾驶员发现信号后做出行动的反应、制动器开始起作用、持续制动和制动释放四个阶段。驾驶员的反应时间只与驾驶员自身有关，与车辆无关，在检验车辆时，可暂不考虑。驾驶员松开制动踏板后，制动释放时间对下次起步行车会带来影响，而对本次制动过程没有影响。因此，在研究制动性能时，应着重研究从驾驶员踩着制动踏板开始到车辆停住这段时间（$t_1+t_2+t_3$）内车辆的制动过程。

制动释放时间 t_4 对正常高速运行的汽车在“点刹”时带来的影响不可忽视，特别是同一轴上左右车轮的制动释放时间不一致，就会造成高速运行的汽车在“点刹”时出现“跑偏”现象，从而影响汽车的安全运行。

二、汽车制动时车轮的受力分析

汽车制动时，驾驶员踩下制动踏板，使制动器的制动蹄与制动鼓（或制动盘）压紧，制动蹄与制动鼓（或制动盘）的摩擦作用形成制动器摩擦力矩 T_μ，也称为制动力矩。由于制动力矩作用于车轮，在车轮与地面接触处将产生地面对车轮的切向反作用力，阻止汽车运动，即制动力。可见，制动力矩是产生制动力的必要条件，也是汽车本身所具有的制动条件。因此，为了使汽车具有良好的制动性能，制动器必须能产生足够的制动力矩。

1. 制动器的制动力矩和制动力

汽车在良好路面上制动时，车轮受力分析如图 4-2-2 所示。制动器的制动力矩 T_μ 来源于轮缸液压力推动摩擦片压紧制动盘时的摩擦力，因此驾驶员可以通过制动踏板力来等效控制制动器的制动力。

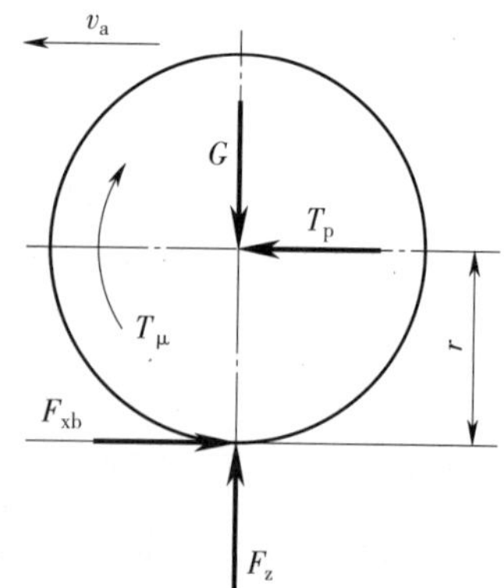

图 4-2-2 制动时车轮受力分析

从微观上分析，制动器的制动力矩 T_μ 导致轮胎挤压变形，对地面产生一个向前的摩擦力，而地面就对车轮产生一个向后的反作用力，这个力就是地面制动力 F_{xb}。由此可得，制动器制动力矩 T_μ 是地面制动力的来源。驱动时的受力情况与此刚好相反。

当地面附着力足够时，地面制动力 F_{xb} 有

$$F_{xb}=T_\mu/r \tag{4-2}$$

式中 F_{xb}——地面制动力，N；

T_{μ}——制动器制动力矩，N · m；

r——车轮滚动半径，m。

在不考虑摩擦限制时，由式（4-2）可知，制动器制动力矩越大，地面制动力就越大。

制动器的制动力首先决定于制动力矩，即决定于制动器的类型、结构尺寸、制动器摩擦副的摩擦系数及车轮半径。对于同一类型的汽车，各结构参数为定值，制动器的制动力与制动踏板力成正比，因此驾驶员踩制动踏板用的力不同，则可得到不同的制动强度。但应指出，制动器摩擦副的摩擦系数及摩擦作用的大小在使用中也有很大变化，应注意正确保养和调整，以保证制动器技术状况良好，才能保证摩擦系数基本不变。

2. 地面的制动力

地面的制动力 F_{xb} 虽然是由制动器制动力矩产生的反作用力，但其本质是一个摩擦力，无法避免摩擦力的局限性（不能无限增大），即

$$F_{xb}=\mu G \tag{4-3}$$

式中　μ——摩擦系数（也称为路面附着系数）；

G——车轮载荷，N。

车轮载荷一定时，路面附着系数直接决定了地面制动力的上限。

制动力源于制动力矩，是在制动力矩的作用下，地面作用于车轮使汽车减速行驶的外力。因此，制动力的数值取决于两个摩擦副的作用，一个是制动器内制动蹄摩擦片与制动鼓（或制动盘）间的摩擦力，另一个是轮胎与地面间的附着力。因此，只有汽车具有足够的制动器制动力，同时地面又能提供足够的附着力时，才能获得足够的制动力。

三、车轮运动状态与滑移率的关系

1. 车轮的三种运动状态

路面上轮胎的印痕，如图 4-2-3 所示。

第一阶段：车轮做单纯滚动时，印痕的形状与轮胎胎面胎纹基本一致，如图 4-2-3a 所示，可以认为

$$v_{\omega}=r_{r0}\omega \tag{4-4}$$

式中　v_{ω}——车轮中心的速度，m/s；

ω——车轮角速度，rad/s；

r_{r0}——没有制动力时的车轮滚动半径，m。

第二阶段：车轮处于边滚动边滑动状态，印痕还可以辨认出是轮胎胎纹，但胎纹逐渐模糊，如图 4-2-3b 所示。轮胎已不再做纯滚动，胎面与地面发生一定程度的相对滑动。此时

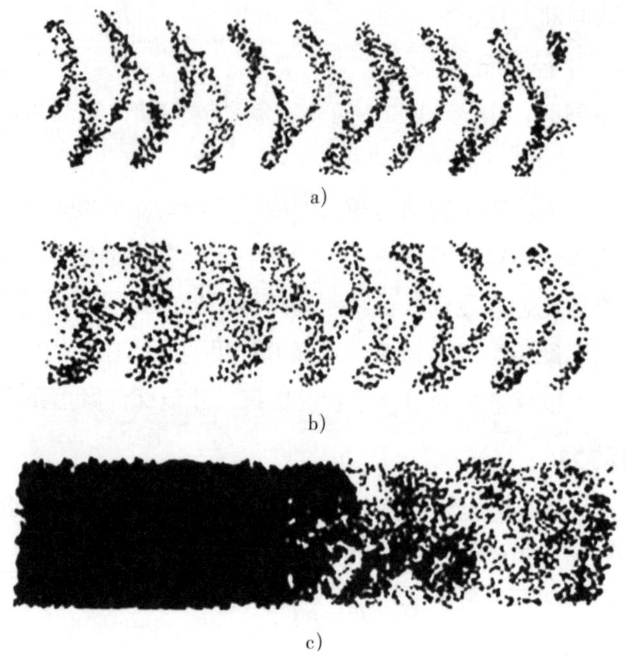

图 4-2-3　路面上轮胎的印痕

a）第一阶段　b）第二阶段　c）第三阶段

$$v_\omega > r_{r0}\omega$$

且随着制动强度的增长，车轮滑动的比例越来越大，即

$$v_\omega \gg r_{r0}\omega$$

第三阶段：车轮抱死滑拖，印痕粗黑，基本看不出轮胎胎纹，如图 4-2-3c 所示。此时 ω=0。

2. 滑移率

从上述三个阶段的变化情况可以看出，随着制动强度的增加，车轮滚动逐渐减少，滑动逐渐增加。上述过程中，车轮滑动的多少一般用滑移率 S 来说明。即

$$S=\frac{v_\omega - r_{r0}\omega}{v_\omega}\times 100\% \tag{4-5}$$

车轮纯滚动时，$v_\omega=r_{r0}\omega$，S=0；车轮纯滑动时，ω=0，S=100%；车轮边滚动边滑动时，$0<S<100\%$。滑移率说明车轮在不同运动状态时车轮滑动所占的比例，滑移率越大，滑动越多，制动强度越大。

四、制动性能的恒定性

车辆不仅要具有良好的制动性能，而且还要求这种制动作用具有恒定性。

1. 制动器材料应具有抗热衰退的能力

汽车制动抗热衰退性是指汽车高速制动，短时间内重复制动或下长坡连续制动时制

动性能的热稳定性。制动过程的实质是把汽车的动能通过制动器吸收转化为热能。在制动过程中，制动器的温度不断升高，制动器的工作温度常在 300 ℃以上，有时高达 600～700 ℃。如图 4-2-4 所示，温度升高以后，制动器摩擦副的摩擦系数减小，摩擦力矩显著下降，从而使制动能力降低，这种现象称热衰退现象。

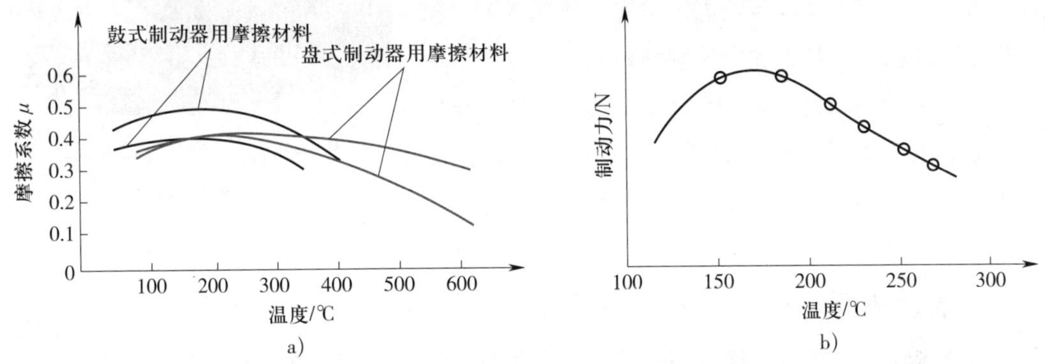

图 4-2-4　温度对摩擦系数和对制动力的影响曲线

a）温度对摩擦系数的影响　b）温度对制动力的影响

制动抗热衰退性是衡量制动性能恒定性的主要指标。制动器的抗热衰退性能常用一系列连续制动后（按规定的次数和达到的减速度），制动性能较冷态制动时下降的程度来表示。某试验表明，当制动蹄片温度达到 436～460 ℃时，制动器的摩擦力矩只有冷态制动时的 23%。

2. 制动器应具有较好的湿水恢复能力

汽车涉水后，制动器被水浸湿而产生润滑作用，使制动器摩擦副的摩擦系数降低导致制动性能下降，这种现象称为制动性能的水衰退现象。为了保证安全，汽车涉水后应踩几下制动踏板，通过制动摩擦产生热量使制动器迅速干燥，可使制动性能恢复正常。

五、制动稳定性

制动稳定性是指汽车在制动过程中维持直线行驶或按预定弯道行驶的能力。

制动稳定性差的汽车，路试时会出现偏离规定通道宽度的现象；台试时会出现左右车轮制动器制动力增长快慢不一致或左右车轮制动力不等的现象。因此，路试时制动稳定性的检测指标是试车道的宽度；台试时制动稳定性的检测指标是同轴左右车轮制动器的制动力差值。

车辆的制动稳定性差主要表现为“制动跑偏”和“制动侧滑”。

1. 制动跑偏

汽车直线行驶时制动，在转向盘固定不动的条件下，汽车有自动向左侧或向右侧偏驶的现象，称为制动跑偏。图 4-2-5 所示为制动时的正常轨迹和跑偏轨迹。

引起制动跑偏的因素很多，其主要原因是汽车左右车轮制动器产生的制动力不相等或制动力增长的快慢不一致。其中，转向轮左右车轮制动器的制动力不相等时，更容易引起制动跑偏。轮胎的机械特性、悬架系统的结构与刚度、车轮定位角度、道路状况、轮荷的分布状况等因素也会引起制动跑偏。

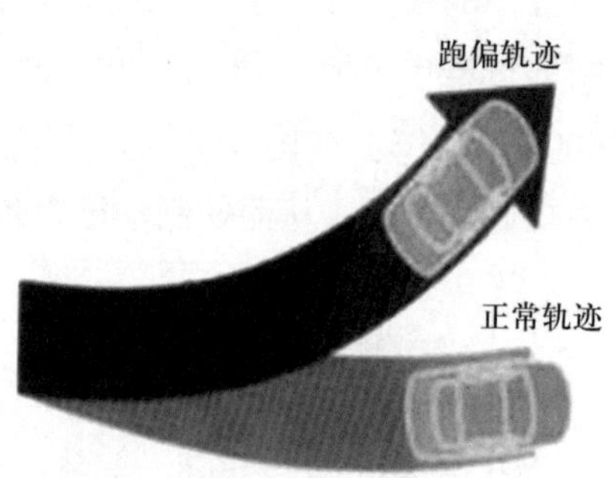

图 4-2-5　制动时的正常轨迹和跑偏轨迹

为了限制制动跑偏，用制动力检验制动性能时，要求前轴左右车轮制动力之差小于或等于该轴轴荷的 5%；后轴左右车轮制动力之差不大于该轴轴荷的 10%。

2. 制动侧滑

汽车制动时车轴发生横向滑移的现象称为制动侧滑。汽车在制动过程中，当车轮未发生抱死制动时，车轮具有承受一定侧向力的能力。汽车在一般横向干扰力的作用下不会发生制动侧滑的现象。但当车轮发生抱死制动时，车轮承受侧向力的能力几乎全部丧失，这时汽车在横向干扰力的作用下极易发生侧滑。因此，从保证汽车方向稳定性的角度出发，最理想的制动是避免任何车轮发生抱死，以确保制动时的方向稳定性。

侧滑对汽车制动稳定性的影响取决于发生车轮抱死滑移的状态。一般制动时前轮先抱死滑移，车辆能维持直线行驶减速停车，汽车处于稳定状态。但此时的车辆丧失了转向能力，对在弯道上行驶的车辆是十分危险的。若后轮比前轮提前一定的时间先抱死，车辆在侧向干扰力的作用下将发生急剧甩尾或旋转，使车辆丧失制动稳定性。高速行驶的车辆出现这种制动不稳定现象就更加危险。

汽车制动跑偏与制动时车轮侧滑是有联系的。严重的跑偏会引起后轮的侧滑，制动时易于发生后轮侧滑的汽车也有加剧跑偏的倾向。

任务 3　影响汽车制动性能的主要因素

学习目标

熟悉影响汽车制动性能的主要因素。

汽车制动性能与汽车的结构及其使用条件有关。如轴间载荷的分配、装载质量、利用发动机制动、制动系统的结构、行驶速度、道路情况、驾驶方法等均对制动性能有很大的影响。

一、制动力调节和车轮防抱死的影响

1. 制动力的调节

为了防止制动时后轮抱死而发生侧滑，有的汽车制动系统采用压力调节装置来调节前后车轮的制动力。常见的压力调节装置有限压阀、比例阀、载荷控制比例阀、载荷控制限压阀等。

2. 车轮的防抱死

为了充分发挥轮胎与地面间的潜在附着能力，全面满足对汽车制动性能的要求，已研制成功多种自动防抱死装置（ABS）。有了自动防抱死装置，在紧急制动时，能防止车轮完全抱死，而使车轮处于滑移率为 15%~20% 的状态。此时，纵向附着系数最大，侧向附着系数也很大，从而使汽车在制动时不仅有较强的抗后轴侧滑能力，保证汽车行驶的方向稳定性，而且有良好的转向操纵性。图 4-3-1 所示为制动时有无自动抱死装置 ABS 的效果比较。

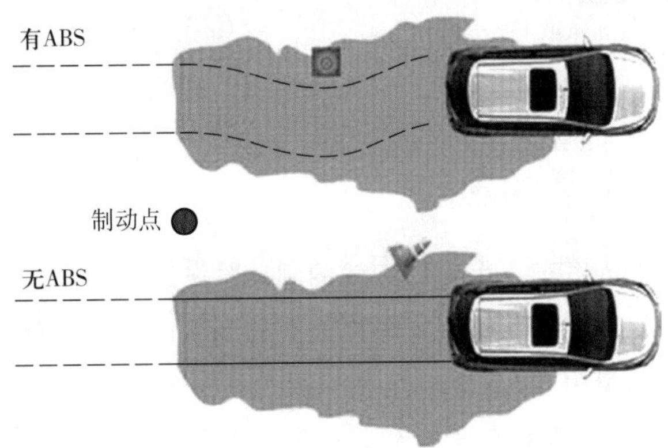

图 4-3-1　制动时有无 ABS 的效果比较

二、轴间载荷分配的影响

为了提高制动效果，充分利用各个车轮的附着能力，使汽车在紧急制动时前后车轮均能接近滑移状态。制动传动装置分配至前后车轮的制动力就必须与各车轮承受的重力成比例，才能实现全轮同时制动的目的。当汽车制动时，将发生轴间载荷再分配现象，前轴载荷增加，后轴载荷减小。

前后车轮制动力最佳分配的比值是随着重心的位置和附着系数的改变而变化的。大部分汽车在一定的制动踏板力下，前后车轮制动力矩是一个常数，不发生变化，因而汽车总的最大制动力很难达到理论的最佳数值。为了克服上述缺陷，部分小客车和载重汽车采用了各种制动力分配的自动调节装置（EBD），使前后车轮制动管路的工作压力的比值随汽车制动过程中前后车轮垂直载荷比值的变化一同变化。

在 ABS 车轮防抱死功能的基础上，EBD 会根据车辆的行驶状态，通过 ABS 制动液压控制装置，适当分配前后车轮制动力。EBD 是 ABS 的辅助功能，是 ABS 的有效补充。图 4–3–2 所示为制动时有无 ABS+EBD 的效果比较。

如果前后车轮制动力不能随着附着系数的变化而调整，车轮会发生滑移。当前轮滑移时，汽车不能改变行驶方向，破坏了汽车的操纵性；当后轮滑移时，汽车可能发生甩尾而失去稳定性。

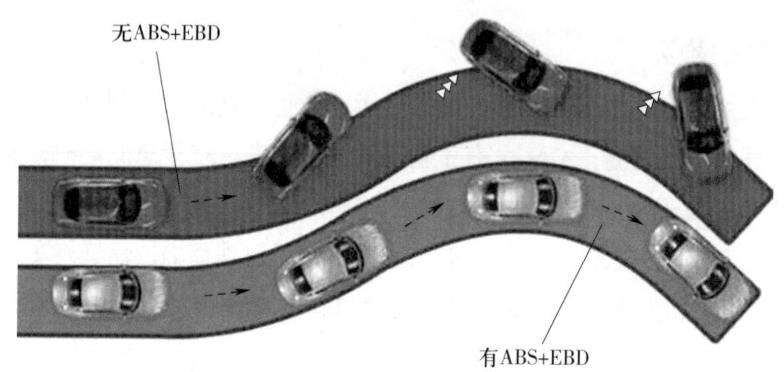

图 4–3–2　制动时有无 ABS+EBD 的效果比较

三、汽车装载质量的影响

对于装载质量较大的汽车，因前后车轮的制动器设计，一般不能保证在任何道路条件下使其制动力都同时达到附着极限，所以汽车的制动距离就会由于装载质量的不同而发生差异。对于装载质量为 3 t 以上的汽车，装载质量每增加 1 t，其制动距离平均增加 1 m。即使是同一辆汽车，当装载质量和装载方式不同时，由于重心位置变动，也会影响汽车的制动距离。

四、车轮制动器的影响

车轮制动器的摩擦副、制动鼓的构造和材料，对于制动力矩和制动性能的热衰退有很大影响。在设计制造中，应选用好的结构形式及材料；在使用维修中，也应注意摩擦片的选用。

制动器的结构形式不同，其制动效率不同。制动器摩擦副的摩擦系数大，则在制动鼓半径和制动器张力相同的条件下，制动器所能产生的制动力矩也大。当制动器摩擦副的摩擦系数下降时，其制动力矩将显著下降，制动性能的稳定性较差。

制动器的技术状况不仅与设计制造有关，也与使用维修情况有密切关系。制动摩擦片与制动鼓的接触面积不足或接触不均匀，将降低制动力矩；局部接触的面积和部位不同也将引起制动性能的差异。

制动摩擦片的表面不清洁，如有油、水或污泥，则摩擦系数将减小，制动力矩随之降低，如汽车涉水之后，水渗入制动器，其摩擦系数将急剧下降 20%～30%。

制动器的间隙过大，制动反应时间将延长，汽车的制动距离将增加。左右车轮制动器的技术状况不均衡，将引起汽车制动时跑偏。

五、制动初速度的影响

制动初速度高时，需要通过制动消耗的运动能量也大，制动距离会延长。

制动初速度越高，通过制动器转化产生的热量也越多，制动器的温度也越高。制动蹄片的摩擦性能也会随温度的升高而降低，导致制动力衰减，制动距离增长。

六、发动机制动的影响

发动机的内摩擦力矩和泵气损耗可用来作为制动时的阻力矩，而且发动机的散热能力比制动器强得多。一台发动机在单位时间内大约有相当于其功率 1/3 的热量必须散发到冷却介质中去，因此，可把发动机当作辅助制动器。

发动机常用作减速制动和下坡时保持车速不变的惯性制动。必须注意的是，在紧急制动时，发动机无助于制动，这时应脱开发动机与传动系统的连接。

发动机的制动效果对汽车制动性能的影响很大。它不仅能在较长的时间内发挥制动作用，减轻车轮制动器的负担，而且由于传动系统中差速器的作用，可将制动力矩平均地分配到左右车轮上，以减少侧滑、甩尾的可能性。在光滑的路面上，这种作用就显得更为重要。此外，由于发动机的制动作用，在行车中可显著减少车轮制动器的使用次数，改善驾驶条件。同时，又能经常保持车轮制动器处于低温且能发挥最大制动效果的状态，以备紧急制动时使用。

七、道路条件的影响

道路的附着系数限制了最大制动力，对汽车的制动性能有很大的影响。

由于冰雪路面上的附着系数特别小，制动距离将增大。要特别注意在冰雪坡道上制动时，应利用发动机制动。有研究表明，在冰雪路面上，利用发动机制动的辅助作用可使制动距离缩短 20%～30%。

八、轮胎胎纹深度的影响

轮胎胎纹的深浅对汽车行驶的影响也很大。轮胎胎纹越深，胎面与地面产生的弹力也就越大，抵消弹力造成的滚动阻力增大，导致油耗增大；轮胎的胎纹过浅，轮胎的抓地能力会变差，容易打滑，不利于汽车的安全行驶。车辆在雨雪天气或有水的路面行驶时，轮胎胎纹会进行储水和排水，车辆易发生水滑现象。当胎面胎纹深度小于 1.6 mm 时，不仅会减小轮胎摩擦，还会降低轮胎抓地力和操纵性。同时，由于轮胎与地面之间的摩擦力变小，汽车的制动距离会变长。

九、驾驶技术的影响

驾驶技术对汽车制动性能也有很大影响。制动时，如能保持车轮接近抱死而未抱死的状态，便可获得最佳的制动效果。在制动时，迅速、交替地踩下和放松制动踏板，可提高制动效果。在紧急制动时，驾驶员如能急速踩下制动踏板，则制动系统的协调时间将缩短，从而缩短制动距离。在光滑路面上不可猛踩制动踏板，以免因制动力过大而超过地面的附着极限，导致汽车侧滑。

任务 4　汽车制动性能的检测

学习目标

1. 了解用反力式滚筒制动试验台检测制动性能的方法。
2. 熟悉用平板式制动试验台检测制动性能的方法。
3. 熟悉路试检测汽车制动性能的方法。

根据国家标准《机动车运行安全技术条件》（GB 7258—2017）及国家标准《机动车安全技术检验项目和方法》（GB 38900—2020）的规定，机动车可以通过路试或台试检测制动距离、制动减速度或制动力来判断制动性能。

制动检测设备有第五轮仪、制动减速度仪和制动检测台。台架试验法是使用制动检测台进行检测的。检测汽车制动性能时用第五轮仪和制动减速度仪，需在道路试验中进行，称为道路试验法。与道路试验法相比，台架试验法具有迅速、准确、经济、安全、不受自然条件的限制以及试验重复性好且能定量地指示出各车轮的制动力等优点。

一、反力式滚筒制动试验台检测制动性能

1. 反力式滚筒制动试验台的结构

反力式滚筒制动试验台主要由电动机、减速器、滚筒装置、测量装置、举升装置、指示装置等组成，如图 4–4–1 所示。

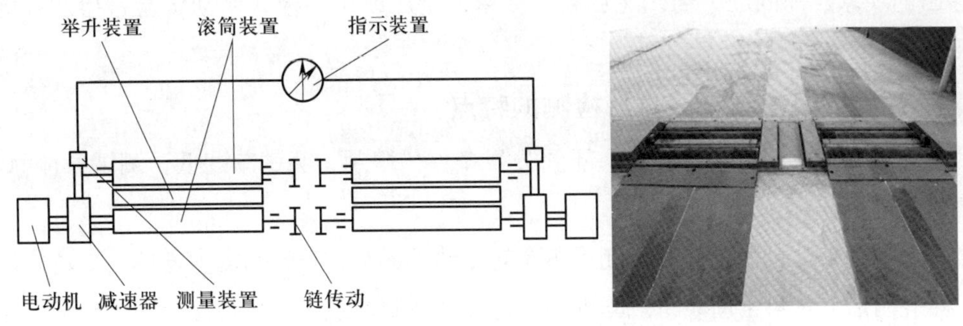

图 4–4–1　反力式滚筒制动试验台

2. 反力式滚筒制动试验台的检测方法

（1）测试前应做好准备工作，滚筒表面应干燥，无异物及油污；检验辅助器具应齐全；气压制动的车辆，储气筒压力应符合规定值；液压制动的车辆，应根据需要将踏板力计装在制动踏板上。

（2）被测车辆正直居中行驶，依次逐轴停放在轴重仪上，并按规定时间（不少于 3 s）停放，测出静态轴荷。

（3）将反力式滚筒试验台电源开关打开，并使举升机处在升起位置。被检车辆正直居中行驶，将被测车辆停放在制动台滚筒上，变速器置于空挡，松开制动踏板，制动数据清零。

（4）降下举升机，至轮胎与举升机完全脱离为止。

（5）启动电动机，稳定 3 s 后实施制动，逐渐慢踩制动踏板，踩到底（或踩至规定制动踏板力），测得左右车轮制动力增长全过程的数值及左右车轮最大制动力，并依次测试各车轴。

（6）对驻车制动轴，操纵驻车制动操纵装置，依次测得各驻车制动轴的制动力数值，并按要求计算轴制动率、不平衡率、驻车制动率、整车制动率。

（7）所有车轴的行车制动和驻车制动性能检测完毕，升起举升机，将被测车辆驶出试验台。

（8）切断制动试验台电源。

3. 反力式滚筒制动试验台检测时的注意事项

（1）为防止制动时车轮容易抱死而难以测出制动器能够产生的制动力，允许在汽车上增加足够的附加质量或施加相当于附加质量的作用力，但附加的质量或作用力不计入轴荷。

（2）检测制动力时，可以在非测试车轮上加三角垫块或采取牵引方法阻止车辆的移动。

（3）检测制动力时，采取措施后若仍出现车轮抱死并在滚筒上打滑或整车随滚筒向后移出的现象，而制动力仍未达到合格要求，则应改用平板式制动试验台检测或路试检测。

4. 反力式滚筒制动试验台检测的特点

（1）检测迅速、经济、安全，不受外界条件的限制，测试车速低，测试条件稳定，重复性较好。

（2）检测参数全面，能定量测得各车轮制动力、左右车轮制动力差值、制动协调时间、车轮阻滞力，可全面评价汽车制动性能，并为制动系统的故障诊断、维修和调整提供可靠依据。

（3）检测时，由于汽车没有实际行驶，因此，其制动性能检测结果不能反映其他系统（如转向系统、行驶系统）的结构、性能对制动性能的影响。

（4）对于有防抱死制动系统的汽车，由于检测时车轮防抱死系统不起作用，因此无法测得实际制动时的最大制动力，不能准确地反映防抱死制动系统汽车的制动性能。

（5）反力式滚筒制动试验台结构复杂，电动机和减速器容易损坏，维修和保养的工作量大，电动机耗电较大，制动滚筒磨损快，更换价格昂贵，检测成本比较高。

二、平板式制动试验台检测制动性能

平板式制动试验台是集制动、轴重、侧滑和悬架效率等四项功能于一体的多功能检测设备，属于低速动态式制动试验台。

1. 平板式制动试验台的结构

平板式制动试验台主要由测试平板、控制和显示装置、辅助装置等组成。图 4-4-2 所示为平板式制动试验台的检测原理。

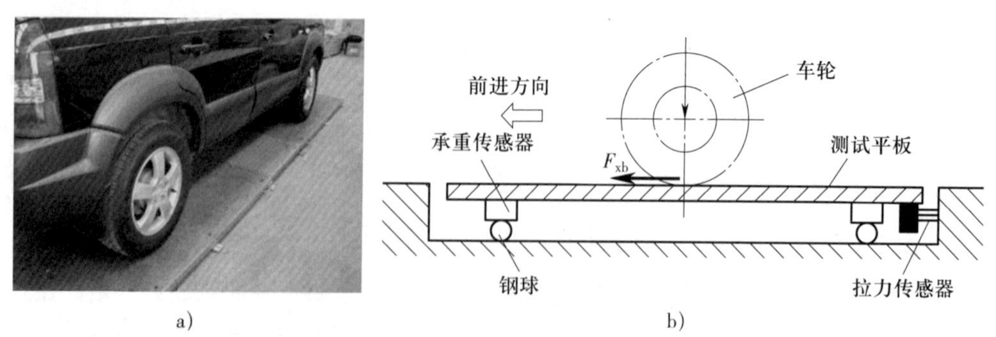

图 4-4-2　平板式制动试验台的检测原理

a）实物图　b）检测原理

2. 平板式制动试验台的检测方法

（1）测试前做好准备工作，保持平板表面干燥，无异物及油污。

（2）将被测车辆以 5 ~ 10 km/h 的速度滑行，变速器置于空挡（自动变速器车辆可置于“D”挡），正直、平稳驶上平板。

（3）当被测车轮均驶上平板时，急踩制动踏板，使车辆停止，测得各车轮的轮荷、最大车轮制动力、车轮制动力增长全过程的数值等，并按照规定计算轴的制动率、不平衡率、整车制动率等指标。

（4）重新启动车辆，待车辆驻车制动轴驶上平板时，操纵驻车制动操纵装置，测得驻车制动力的数值，并按照规定计算出驻车制动率。

（5）车辆制动停止时，如被测车轮已离开平板，则此次制动测试无效，应重新测试。

3. 平板式制动试验台检测的特点

（1）汽车在平板式制动试验台上的制动与汽车的实际制动较为接近，能反映轴负荷转移效应和其他系统（如转向系统、行驶系统）的结构、性能对制动性能的影响，其检测结果能反映汽车的实际制动性能。

（2）平板式制动试验台不仅能检测整车制动效果，还可检测各车轮的制动力和轴荷，方便分析和查找制动器故障，能较好地评价汽车的制动性能。

（3）平板式制动试验台不需要模拟加载汽车的转动惯量，结构简单，安装方便，耗能少，操作、维护方便。与轮重仪、侧滑仪、悬架检测仪组合在一起，使车辆测试更为方便、高效。

（4）平板式制动试验需要助跑车道，不利于流水作业。

（5）在重复性检测时，车轮与平板的接触部位以及车轮的制动鼓和制动蹄接触状况不同，因此检测到的制动力也不同。

三、路试检测制动性能

汽车制动性能除通过制动试验台检测制动力进行评价外，还可以通过道路试验检测制动距离和制动减速度进行评价。

路试检测汽车制动性能的特点在于能够直观、简便、真实地反映汽车在实际行驶过程中动态的制动性能，如轴荷转移的影响；能综合反映汽车其他系统的结构性能对汽车制动性能的影响，如转向机构、悬架系统结构和形式对制动方向稳定性的影响，且不需要大型设备与厂房。

1. 路试制动性能检测项目

（1）行车制动性能检测

1）用制动距离检测行车制动性能。

①制动距离。

②制动稳定性。

2）用充分发出的平均减速度检测行车制动性能。

①平均减速度（*MFDD*）。

②制动协调时间。

（2）驻车制动性能检测

空载状态下，在坡道上从正反两个方向检验驻车制动性能。

2. 路试检测的仪器

汽车制动性能的路试检测是利用必要的检测仪器在规定道路上进行的制动性能试验。路试检测常用的仪器是非接触式多功能速度检测仪和汽车 GPS 多功能检测仪。利用这些仪器可以检测制动距离、制动时间和制动减速度。

3. 路试检测的方法

汽车制动性能的路试检测方法有制动距离法和制动减速度法。

（1）制动距离法

制动距离法是指路试时采用非接触式多功能速度检测仪或汽车 GPS 多功能检测仪，或其他测试仪器检测汽车的制动距离及制动稳定性。

1）检测方法

①道路条件。路试制动性能检验应在纵向坡度小于或等于 1%、轮胎与地面间的附着系数大于或等于 0.7 的硬实、清洁、干燥的水泥或沥青路面上进行。检验前应对检验场地进行安全检查，并采取必要的防护及封闭措施，确保检验过程的安全。在试验路面上应画出与制动稳定性要求相同宽度的试车通道边线。在试验路面上，按照国家标准《机动车运行安全技术条件》（GB 7258—2017）画出规定的试车通道的边线，被测车辆沿着试车通道的中线行驶。

②车辆准备。在被测汽车的制动踏板上安装提供信号用的踏板套，在汽车适当位置装上用于测量汽车行驶速度、距离的检测仪器。

③路试检测。使用便携式制动性能测试仪等设备进行测试时，行驶至规定初速度后，变速器置于空挡（对自动变速器车辆置于“D”挡），急踩制动踏板（制动过程中不应转动转向盘），使车辆停止，测量 *MFDD* 和制动协调时间，并检查车辆有无驶出车道边线；当使用非接触式多功能速度检测仪等设备进行测试时，行驶至高于规定的初速度后，变速器置于空挡（对自动变速器车辆置于“D”挡），滑行到规定的初速度时，急踩制动踏板，使车辆停止，测量车辆的制动距离，检查车辆有无驶出车道边线。

2）检测特点

①检测制动性能直观、简便，能真实地反映汽车在实际行驶过程中的动态制动性能。

②能充分体现整车的制动效果，可综合反映汽车其他系统（如转向系统、行驶系统）的结构、性能对汽车制动性能的影响。

③只能检测整车的制动性能，不能定量检测各车轮的制动状况及制动力分配，因而对制动性能不合格的汽车，不易诊断故障发生的具体部位。

④紧急制动时易使轮胎磨损严重，同时其冲击载荷对汽车各部件均有不利影响。

⑤路试时要求有良好的道路条件及气候条件。

⑥与台试检测相比，其检测速度较慢、检测效率较低。

（2）制动减速度法

制动减速度法是指路试时采用非接触式多功能速度检测仪或汽车 GPS 多功能检测仪，或其他测试仪器检测汽车制动时充分发出的平均减速度和制动协调时间，同时还可检测汽车的制动稳定性。

1）检测方法

制动减速度法的道路条件与制动距离法相同。对已在制动检验台上检验过的车辆，制动不平衡率及前轴制动率符合要求，但整车制动率未达到要求时，用便携式制动性能测试仪等设备检测。对于小（微）型载客汽车及其他总质量不大于 3 500 kg 的汽车，其制动初速度应不低于 30 km/h，对于其他汽车、汽车列车及无轨电车，制动初速度应不低于 20 km/h，急踩制动后测取 *MFDD* 及制动协调时间。

对于轴线结构的半挂车、静态轴荷大于或等于 11 500 kg 的汽车等不适用于制动检验台检验的车辆，用制动距离、*MFDD* 和制动协调时间判定制动性能。有疑问时应安装踏板力计，检查达到规定制动性能时的制动踏板力是否符合标准。

2）检测特点

①检测的 *MFDD* 与瞬时减速度相比具有良好的稳定性，其重复性较好，检测精度较高。

②能根据制动协调时间的长短判断制动系的调整情况。

③*MFDD* 只能反映整车的制动效果，而不能具体反映各个车轮制动器的技术状况。

④与台试检测相比，其检测速度较慢、检测效率较低。

4. 驻车制动性能检测

将车辆驶上坡度为 20%（半挂牵引车单车、总质量为整备质量的 1.2 倍以下的车辆坡度为 15%），附着系数不小于 0.7 的坡道上，按正反两个方向保持固定不动，其时间不少于 2 min，检验车辆的驻车制动性能是否符合要求。

在不具备试验坡道的情况下，采用“移动式驻车制动检验坡台法”“牵引法”测试车辆驻车制动性能。采用“移动式驻车制动检验坡台法”时，移动坡台的坡度应符合国家标准《机动车运行安全技术条件》（GB 7258—2017）中的相关要求；采用“牵引法”时，应按照 20% 的对应坡度计算对应牵引力（采用车辆整备质量计算），测试状态为空载。

模块五 ——汽车操纵稳定性检测

汽车操纵稳定性是汽车的主要使用性能之一，其主要包括三个方面：操纵性、稳定性和转向轻便性。汽车操纵稳定性不仅影响汽车的行驶安全，还与运输生产率及驾驶员的疲劳强度有关。

任务 1　汽车操纵稳定性的评价指标及检测标准

学习目标

1. 了解汽车的操纵性与稳定性。
2. 熟悉操纵稳定性的评价指标。
3. 熟悉转向盘技术状况的检测。
4. 熟悉最小转弯直径的检测。

一、汽车的操纵性与稳定性

1. 操纵稳定性的概念

汽车在行驶过程中，会遇到各种复杂的情况，有时直线行驶，有时曲线行驶。此外，汽车行驶还会受到地面不平、坡道、大风等各种外部因素的干扰。一辆操纵稳定性良好的汽车必须具备以下能力。

（1）汽车的操纵性

汽车的操纵性是指根据道路、地形和交通情况的限制，汽车能遵循驾驶员的意愿，按照操纵机构所给定的方向行驶的能力。

（2）汽车的稳定性

汽车的稳定性是指汽车在行驶过程中具有抵抗改变其行驶方向的各种干扰，并保持稳定行驶的能力。

（3）车辆的操纵性和稳定性紧密相关

汽车的操纵性差，稳定性就会被破坏；稳定性差，汽车则会失去操纵性。因此，通常将操纵性和稳定性统称为车辆的操纵稳定性。

2. 影响汽车操纵稳定性的因素

影响汽车操纵稳定性的因素有车辆结构方面的因素，也有使用方面的因素。

（1）车辆结构方面的影响因素

车辆结构方面的影响因素主要有转向系统性能参数（转向系统的传动比、转向系统的效率、转向器的啮合特性、转向系统的刚度、转向盘转动的总圈数等）；车辆的重心位置、轴距、轮距、质量分配；轮胎的形式和气压以及悬架的导向装置。

（2）车辆使用方面的影响因素

车辆使用方面的影响因素对车辆的操纵稳定性，特别是对车辆运行中的稳定性影响很大。如道路状况（地面不平、纵向和横向的坡度等），气候条件（侧向风力、雨雪天气对地面附着状态的改变等），左、右车轮的附着情况不同，车辆转弯行驶时的离心力等。

对于车辆的操纵稳定性，结构方面的影响因素是在设计车辆时需要特别注意的问题，而车辆使用方面的影响因素是在车辆投入运行以后至关重要的。

二、汽车操纵稳定性的评价指标

1. 转向操纵的轻便性

转向操纵的轻便性是指驾驶员操纵转向盘的容易程度。转向沉重容易使驾驶员疲劳或使车辆操纵失控而导致发生交通事故。有的汽车采用转向助力装置，这从结构上保证了转向的轻便性。机动车在使用期间，转向装置会由于装配时调整不当或使用中有关零部件变形等原因引起转向沉重。

为了保证机动车转向操纵轻便性，国家标准《机动车运行安全技术条件》（GB 7258—2017）中规定机动车在平坦、硬实、干燥和清洁的水泥或沥青道路上行驶，以 10 km/h 的速度在 5 s 之内沿螺旋线从直线行驶过渡到外圆直径为 25 m 的车辆通道圆行驶，施加于转向盘外缘的最大切向力应小于或等于 245 N。

2. 最小转弯直径

最小转弯直径的大小直接影响车辆的机动性。车辆的机动性是指车辆在最小面积内活动的能力。它决定了驾驶员为装卸货物而移动车辆，或在停车场地及维修车间内调动车辆时所需场地的面积、车道的宽度以及驾驶员的劳动强度。车辆的机动性还会影响车辆通过狭窄弯曲地带或绕开不可越过障碍物的能力。

3. 转向轮的稳定效应

由于车辆行驶条件复杂，道路对左右车轮不均匀的冲击等情况经常发生。当车轮偶然受到外力作用或转向盘稍微转动而偏离直线行驶时，转向轮应有自动回正恢复直线行驶的能力。当转向轮摆转一定的角度后，在放松转向盘时，转向轮应有迅速回正恢复直线行驶的能力。转向轮具有的保持自动返回直线行驶位置的能力，称为转向轮的稳定效应。转向轮越稳定，汽车向前直线行驶的性能越好，操纵越轻便。车辆只有在转向轮稳定时，才能降低燃料消耗、减少轮胎和相关零件的磨损。同时，转向轮具有稳定效应，也可以减轻驾驶员的紧张程度。

转向轮的稳定效应是通过转向轮的定位来实现的；同时，转向轮的稳定效应也与轮胎的横向弹性有关。当转向轮同时又是驱动车轮时，转向轮将受到驱动时前进推力的影响而趋于稳定。

4. 转向轮的振动

汽车在行驶过程中，有时会出现转向轮左右摆动和上下跳动的现象，这种现象称为转向轮的振动。转向轮的振动会降低汽车的操纵性与方向稳定性，增加轮胎的磨损，同时也增加转向机构的动载荷，降低零件的使用寿命，严重影响行驶安全。

转向轮的摆动与车辆悬架系统的技术状况、车轮定位、车轮平衡等都有密切关系。汽车的转向轮通过悬架及转向机构与车架相连，这些互相联系的机件组成了弹性振动系统。直线行驶的汽车，当车轮越过单个凸起或凹坑时，前轮会产生绕汽车纵轴的角振动。前轮将绕主销偏转，如果左轮升高，车轮将向右偏转；如果左轮下降，车轮将向左偏转，即激发了前轮绕主销的角振动。同时，由于陀螺效应，前轮绕主销的角振动，会反过来加剧前轴绕纵轴的角振动，严重破坏了汽车直线行驶的稳定性。为了避免这种现象，要求减小悬架下前轴系统的转动惯量，提高角振动的固有频率；改善公路状况，提高路面的平整度；适当降低轮胎气压，增加轮胎的吸振能力。

转向轮定位若不合理，会使转向轮侧滑过大，导致车轮高速行驶时发生摆振。国家标准《机动车运行安全技术条件》（GB 7258—2017）中规定，汽车的车轮定位应与该车型的技术要求一致。对前轴采用非独立悬架的汽车（前轴采用双转向轴时除外），其转向轮的横向侧滑量，用侧滑台检验时侧滑量值应小于或等于 5 m/km。

若车轮不平衡，高速行驶时车轮必然跳动；当左、右车轮都不平衡，且不平衡质量处于对称位置时，振动会更为严重。为了避免因车轮不平衡引起的振动，要求无论是新轮胎或经翻修过的轮胎，在装用之前，都要进行动平衡试验，消除不平衡因素。国家标准《机动车运行安全技术条件》(GB 7258—2017)中规定，最大设计车速大于 100 km/h 的汽车，车轮的动平衡要求应与该车型要求一致。

三、转向盘技术状况的检测

汽车的转向盘最大自由行程也称为转向盘最大自由转动量，其数值的大小反映了整个转向系统的间隙大小，设计该参数的目的是减轻驾驶员驾驶疲劳，该数值的大小与最大设计车速相关，通常设计车速越高，转向盘最大自由行程越小。汽车转向操纵力大小直接影响驾驶员操纵汽车转向的轻便程度。

转向系统的技术状况常用转向盘自由转动量和转向盘转向操纵力的大小来检测，因此，转向系统的常规检测项目是转向盘转向操纵力和转向盘自由转动量。

1. 转向盘转向操纵力的检测

转向盘转向操纵力是指在一定行驶条件下作用在转向盘外缘的最大切向力。它可用转向参数测量仪或转向测力仪检测。

(1)转向操纵力的检测仪器

图 5-1-1 所示为转向参数测量仪。该仪器可以测量转向盘的自由转角、转矩、转向操纵力和其他静态、动态参数，并具有数据接口，可与计算机和其他检测设备一起组成灵活的智能化检测系统。检测转向操纵力时，将转向参数测量仪安装在被测转向盘上，按下“转力”键，并输入转向盘半径，然后按规定条件缓慢地转动转向盘，可测出转向盘的转向力。

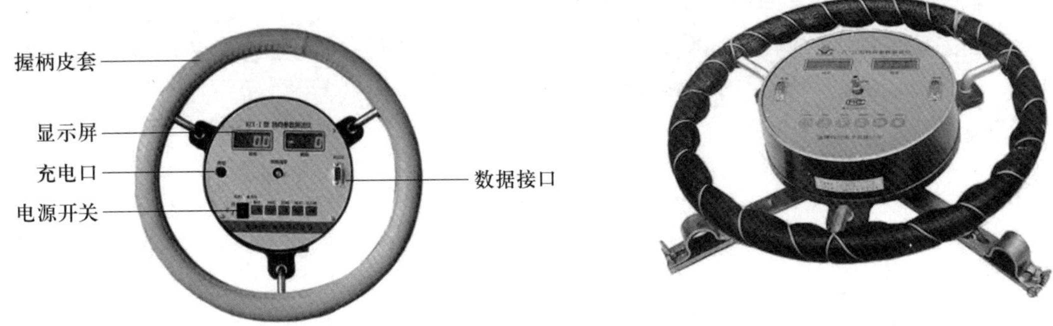

图 5-1-1　转向参数测量仪

(2)转向操纵力的检测方法

1)路试检测。将转向参数测量仪安装在被测车辆的转向盘上，让汽车在平坦、硬实、干燥和清洁的路面上，以 10 km/h 的速度，在 5 s 内沿螺旋线从直线行驶过渡到直径为 25 m 的圆周行驶，测出施加于转向盘外缘的最大圆周力，该力即为转向盘的转向操纵力。

2）原地检测。将转向参数测量仪或测力弹簧安装在被测车辆的转向盘上，将汽车转向轮置于转角盘上，通过测力装置转动转向盘，使转向轮达到原厂规定的最大转角，在转向全过程中测出最大操纵力，该力即为转向盘转向操纵力。当无检测仪器时，也可通过测力计沿切向拉动转向盘的边缘来测量转向操纵力。

（3）转向操纵力检测结果的分析

转向盘转向操纵力受多种因素的影响。如果行驶系统技术状况良好，车轮定位和轮胎气压都正常，而转向盘转向操纵力过大，说明转向系统存在故障。可能的故障有转向系统各部件装配过紧、配合间隙过小、调整不当、润滑不良、传动杆件变形等。为保证汽车转向轻便、操纵稳定性好、行车安全，转向系统技术状况应正常，转向盘转向操纵力应符合标准。

2. 转向盘自由转动量的检测

转向盘自由转动量是指汽车转向轮处于直线行驶位置静止不动时，转向盘可以自由转动的角度。它可用转向参数测量仪或简易转向盘自由转动量检测仪检测。

（1）用转向参数测量仪检测

1）被测车辆置于平坦、干燥、清洁的硬质地（路）面，转向轮保持回正位置，发动机熄火。

2）将转向操纵力－角测量仪安装在被测车辆的转向盘上。

3）将转向操纵力－角测量仪清零，转动转向操纵力－角测量仪的操纵盘至一侧有阻力且车轮将要转动时止，角度值记作 A_1，再转至另一侧有阻力且车轮将要转动时止，角度值记作 A_2，A_1 与 A_2 间的自由角度即为转向盘最大自由转动量。

（2）用简易转向盘自由转动量检测仪检测

在没有转向参数测量仪的情况下，也可用自制的简易转向盘自由转动量检测仪检测。这种检测仪由刻度盘和指针等组成，如图 5-1-2 所示。

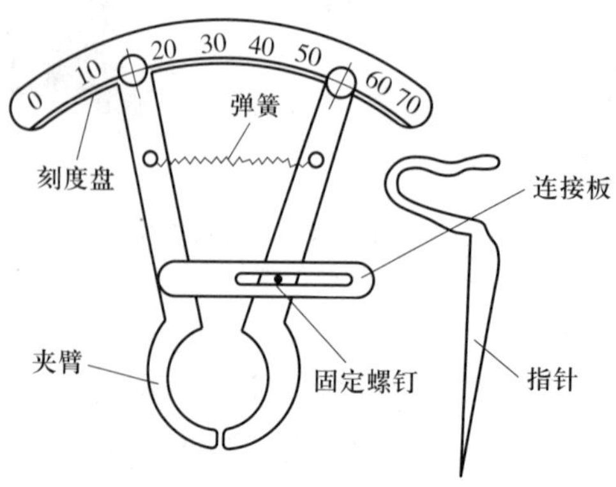

图 5-1-2　简易转向盘自由转动量检测仪

1）在良好的水平路面停放汽车，使前轮位于直线行驶位置。

2）将刻度盘和指针分别固定在转向盘轴管和转向盘边缘上。

3）将转向盘转至自由转动的一侧有阻力位置时调整指针对零，再向另一侧轻轻转动转向盘，当手感变重时指针所扫过的角度即为转向盘的自由转动量。

（3）转向盘自由转动量检测结果的分析

转向盘自由转动量是转向系统内部各传动连接部件间隙的总反映。若自由转动量过大，说明从转向盘至转向轮的传动链中一处或多处配合松旷，存在故障。故障原因可能是转向传动配合件磨损严重、连接松脱、装配不良、调整不当等。

为保证汽车转向灵敏、行车安全，转向系统技术状况应正常，转向盘自由转动量应符合标准。根据国家标准《机动车运行安全技术条件》（GB 7258—2017）的规定，机动车转向盘的最大自由转动量应小于或等于：

1）最大设计车速大于或等于 100 km/h 的机动车：15°。

2）三轮汽车：35°。

3）其他机动车：25°。

当转向盘自由转动量不符合要求时，应调整转向系统。若调整无效，则需维修转向系统。

四、最小转弯直径的检测

1. 最小转弯直径

汽车的最小转弯直径和转弯通道圆直径是汽车的机动性参数，影响汽车的通过性，如图 5-1-3 所示。由于转向轮的左右极限转角一般会有所不同，因此，有左转弯直径和右转弯直径。

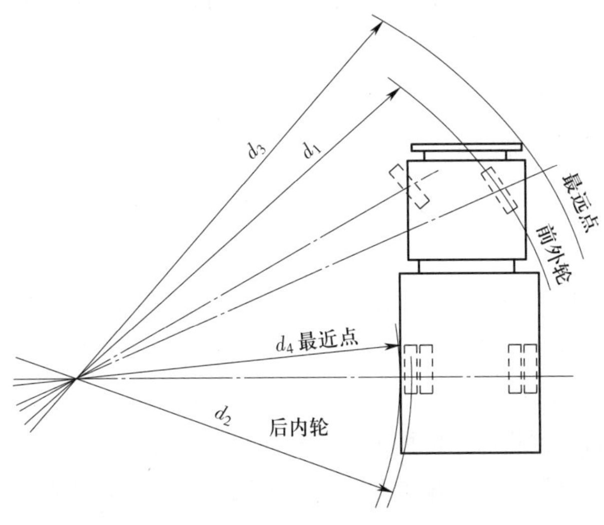

图 5-1-3　汽车最小转弯直径

汽车前轮处于最大转角状态行驶时，汽车前轴离转向中心最远车轮胎面中心在地面上形成的轨迹圆直径（d_1），称为前外轮最小转弯直径。

汽车前轮处于最大转角状态行驶时，汽车后轴离转向中心最近车轮胎面中心在地面上形成的轨迹圆直径（d_2），称为后内轮最小转弯直径。

汽车前轮处于最大转角状态行驶时，车体离转向中心最远点形成的轨迹圆直径（d_3），称为最远点最小转弯直径。

汽车前轮处于最大转角状态行驶时，车体离转向中心最近点形成的轨迹圆直径（d_4），称为最近点最小转弯直径。

汽车最远点最小转弯直径 d_3 与最近点最小转弯直径 d_4 之差的 1/2，称为转弯通道宽度（B），如图 5-1-4 所示。

$$B=\frac{d_3-d_4}{2} \tag{5-1}$$

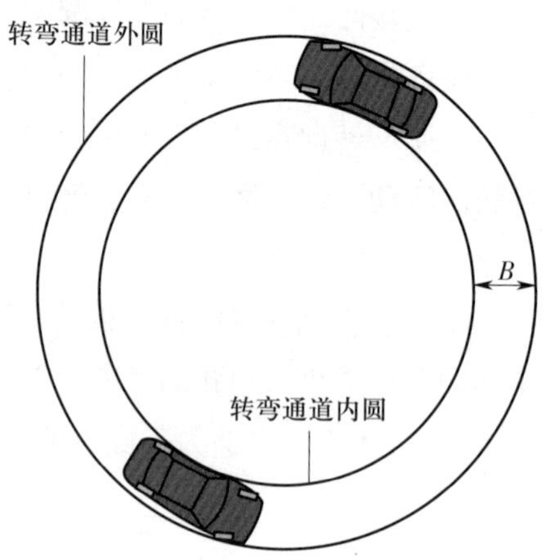

图 5-1-4　转弯通道宽度（B）

2. 最小转弯直径的试验条件

根据国家标准《汽车及汽车列车最小转弯直径、转弯通道圆和外摆值测量方法》（GB/T 12540—2024）的规定，最小转弯直径试验需具备以下条件：

（1）试验场地为平整的混凝土或沥青地面，其大小应能允许车辆做直径不小于 30 m 的圆周运动。

（2）汽车装备的轮胎应符合该车技术条件的规定。

（3）汽车的车轮定位参数和转向轮的最大转角应符合该车技术条件的规定。

（4）汽车处于空载状态，只乘坐一名驾驶员，全轮着地（对最小转弯通道圆外圆直径接近 25 m 的车辆，应增加满载状态下的试验）。

（5）测量仪器：钢卷尺，量程不小于 30 m，精度不小于 0.1%。

3. 最小转弯直径的检测

（1）根据需要，选择车身上离转向中心最远点、最近点和车轮胎面中心上方安装行驶轨迹显示装置。

（2）汽车处于最低前进挡并以较低的车速行驶，转向盘转到极限位置并保持不变，稳定后启动轨迹显示装置，车辆行驶一周，使各测点分别在地面上显示出封闭的运动轨迹，然后将车开出测量区域。

（3）用钢卷尺测量各测点在地面上形成的轨迹圆直径，应在相互垂直的两个方向测量，测量时应向左、向右移动，读取最大值；取两个方向的测量值的算术平均值作为试验结果。

（4）汽车向左转和向右转各测量一次，记录试验结果。

（5）如果左转、右转方向测得的试验结果之差在 0.1 m 以内，则取左右转试验结果的平均值作为最终结果，否则以左转、右转测得的试验结果的较大值作为最终结果。

4. 最小转弯直径的意义

转弯直径直接影响汽车的机动性。转弯直径越小，汽车通过狭窄弯曲地带或绕开不可越过的障碍物的能力就越强、越灵活。最小转弯直径与汽车的轴距、轮距及转向轮的极限转角直接相关。轴距、轮距越大，最小转弯直径也越大；转向轮的极限转角越大，最小转弯直径就越小。

任务 2　汽车侧滑量的检测

学习目标

1. 熟悉车轮侧滑的原因。
2. 了解车轮侧滑检验台的结构与检测原理。
3. 掌握汽车车轮侧滑量的检测方法，能对检测结果进行准确分析。

车轮侧滑是指汽车在直线行驶过程中，车轮在向前直线滚动的同时，产生的侧向滑移现象。车轮定位参数不正确，会引起车轮因承受侧向力而发生侧滑。其中，前轮外倾和前轮前束两参数对车轮侧滑的影响最大。

侧滑检验台是测量汽车车轮横向滑动量是否合格的一种检测设备。滑板式侧滑检验台（以下简称侧滑检验台）应用广泛。

一、车轮侧滑产生的原因

侧滑量的大小与车轮前束和外倾角是否匹配有关。检测汽车转向轮的侧滑量可以判断车轮前束与外倾角是否匹配。从以下两方面来分析车轮侧滑产生的原因。

1. 车轮外倾引起的侧滑

为了提高转向轮工作时的安全性，转向轮一般会设置车轮外倾角，如图 5-2-1 所示。转向轮外倾角的作用是提高转向轮的安全性，并使转向操纵轻便。

转向前轮外倾后，车轮在向前滚动时，滚动的车轮就会有向外滚开的趋势。但由于

刚性转向桥的限制，会出现向内滑动的现象。如图 5–2–2 所示，当汽车前进通过可以左右自由滑动的滑动板时，滑动板会向内侧滑动。

假设让两个只有外倾角而没有前束的车轮同时向前驶过两块相对于地面可以左右滑动的滑动板，就可以看到左右车轮下的滑动板在车轮外张力的作用力，出现如图 5–2–2 中虚线所示的分别向内侧滑移的现象，其单边车轮的内侧滑移量 S_c 为

$$S_c = \frac{L' - L}{2} \tag{5–2}$$

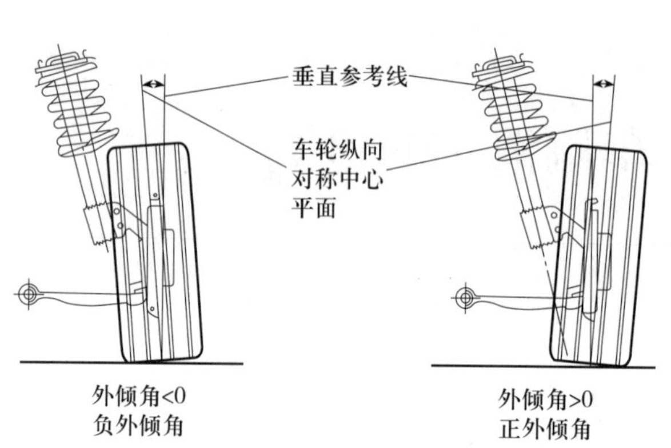

图 5–2–1　车轮外倾角

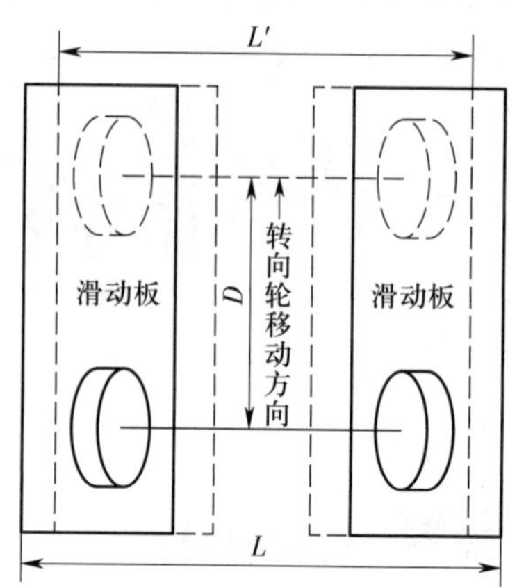

图 5–2–2　车轮外倾角引起的侧滑

式中　L——两侧滑动板原来的距离；

L'——两侧滑动板移动后的距离。

2. 车轮前束引起的侧滑

为减少和消除车轮外倾造成的轮胎滑磨，对于设有车轮外倾角的车轮均设有车轮前束，总前束值 =A–B（mm），如图 5–2–3 所示。

车轮具有前束后，在车轮向前滚动时，车轮就会有向内滚动的趋势。由于车桥的宽度不可缩短，因此，在实际滚动过程中车轮并不能真正向内收拢。但车轴分别给两车轮向外的侧向力及轮胎在地面上的滑磨也是实际存在的。

假设让两个只有前束而没有外倾角的车轮向前驶过滑动板，如图 5–2–4 所示。可以看到左右车轮下的滑动板在车轮作用力的推动下，出现图 5–2–4 所示的分别向外侧滑移的现象，其单边车轮的外侧滑量 S_t 为

$$S_t = \frac{L' - L}{2} \tag{5–3}$$

3. 车轮外倾与车轮前束的综合作用

车轮定位中，车轮的外倾与前束同时存在，若车轮外倾与前束配合得当，则车轮在向前滚动过程中，车轮的外倾与前束产生作用于车轮的侧向力就会因其大小相等、方向相反而相互抵消，使车轮处于向前直行的纯滚动状态而无侧滑现象。但如果车

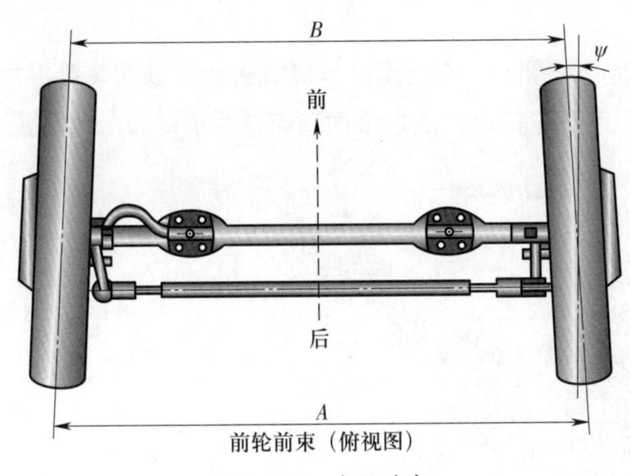

图 5-2-3 车轮前束

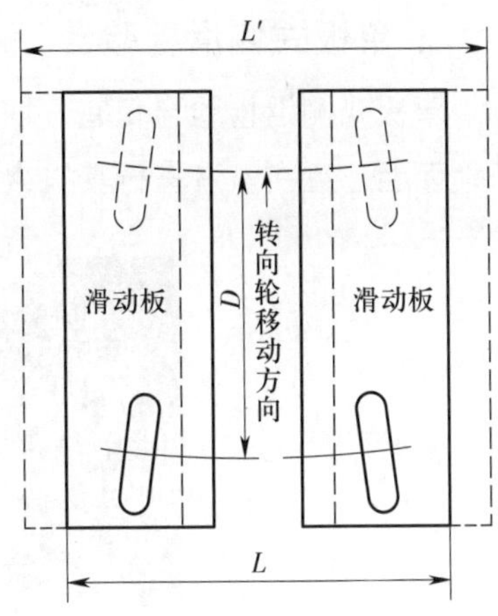

图 5-2-4 车轮前束引起的侧滑

轮外倾与前束配合不当，则两者产生的对车轮的侧向力就会失去平衡，车轮将会向侧向力大的一侧滑动。

检查转向轮的横向侧滑量或侧滑力可以分析车轮定位各个参数之间的匹配关系，该项检查多在侧滑检验台上进行。

二、汽车车轮侧滑检验台

汽车车轮侧滑检验台是汽车在滑动板上驶过时，用测量滑动板左右移动量的方法来测量车轮侧滑量的大小和方向，并判断是否合格的一种检测设备。

按结构不同，滑板式侧滑检验台可分为单板式侧滑检验台和双板式侧滑检验台两种。前者只有一块侧滑板，检验时汽车只有一侧车轮从检验台上通过；后者有左右两块侧滑板，检验时汽车左右车轮同时从左右两块侧滑板上通过。它们一般均由测量装置、指示装置和报警装置等组成。

1. 双板式侧滑检验台

双板式侧滑检验台如图 5-2-5 所示，其由机械部分、测量装置、指示装置等部分组成。

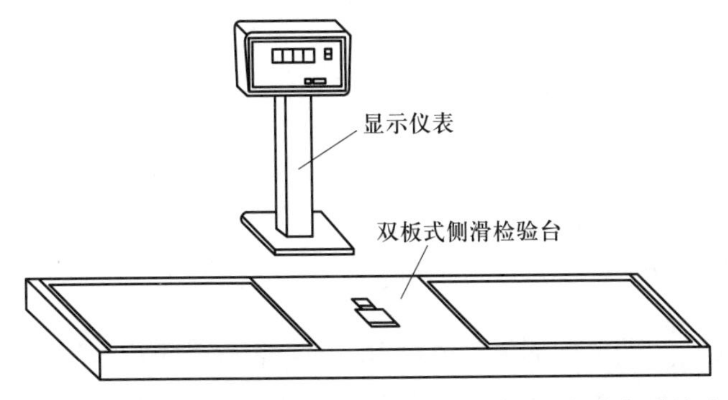

图 5-2-5 双板式侧滑检验台

2. 单板式侧滑检验台

单板式侧滑检验台仅有一块侧滑板，如图 5-2-6 所示。单侧滑板通过滚动装置平放于地面上，且在沿汽车行驶的纵向受约束不能移动，而在横向则可自由滑动。

图 5-2-6　单板式侧滑检验台

让汽车左前轮从侧滑板上通过，右前轮在地面上行驶。若右前轮正直行驶无侧滑，而左前轮具有侧滑角 α 产生侧滑，如图 5-2-7a 所示，通过车轮与侧滑板间的附着作用就会带动侧滑板向左移动距离 b。若右前轮具有侧滑角 β，同样右前轮相对于左前轮也会侧滑，从而引起侧滑板向左移动的距离为 c，由于左前轮同时产生侧滑量 b，则侧滑板的移动距离为两前轮侧滑量之和，即 $b+c$，如图 5-2-7b 所示。

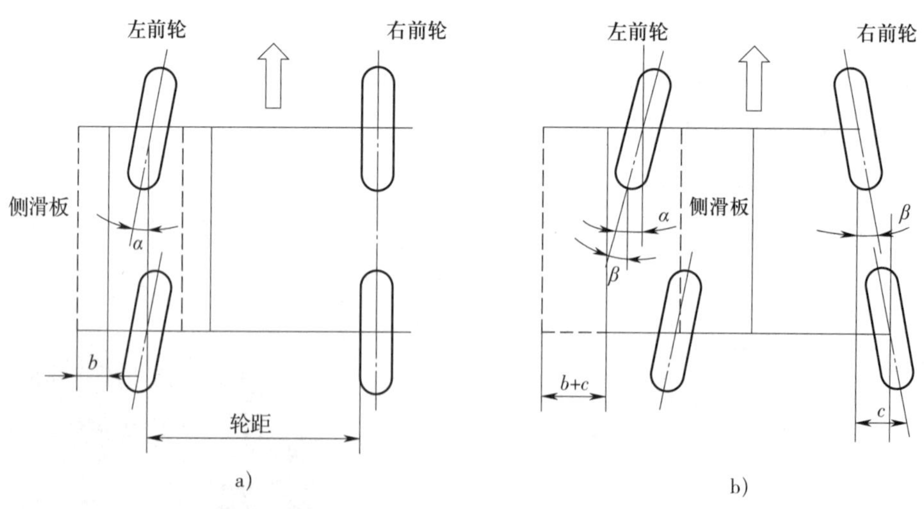

图 5-2-7　单板式测滑检验台测量侧滑量的原理

a）单轮引起的侧滑　b）双轮引起的侧滑

上述 $b+c$ 距离可反映出汽车左右车轮总的侧滑量及侧滑方向。也就是说，采用单板式侧滑检验台测量汽车的侧滑量时，虽然是一侧车轮从侧滑板上通过，但测量的结果并

非是单侧车轮的侧滑量，而是左右车轮侧滑量的综合反映。根据这一侧滑量可以计算出每侧车轮的侧滑量，即单侧车轮的侧滑量为

$$X=\frac{b+c}{2} \tag{5-4}$$

三、汽车车轮侧滑量的检测

1. 准备工作

（1）被测车辆轮胎表面干燥、清洁无油污，胎冠、胎纹中及并装轮胎间无异物嵌入，轮胎气压符合规定。

（2）检查侧滑检验台表面及其周围的情况，如有油污、泥土、砂石及水等应予以清除。

（3）打开侧滑检验台的锁止装置，检查侧滑板能否在外力作用下左右滑动自如，外力消失后回到原始位置，且指示装置位于零位。

（4）检查侧滑检验台导线连接情况，在导线连接良好的情况下打开电源开关预热。查看指针式仪表的指针是否在机械零点上，并视情调整；或查看数码管亮度是否正常并都位于零位上。

（5）检查报警装置在规定值时能否发出报警信号，并视需要进行调整或修理。

2. 检测步骤

（1）将车辆正直居中驶近侧滑检验台，并使转向盘处于正中位置。

（2）汽车以 3 ～ 5 km/h 的车速平稳驶向侧滑检验台侧滑板，使前轮（或后轮）平稳通过侧滑板。

（3）当前轮（或后轮）完全通过侧滑板后，从指示装置上观察侧滑方向并读取、打印最大侧滑量。

（4）检测结束后，锁止侧滑板并切断电源。

3. 侧滑检验台使用注意事项

（1）严格禁止超过侧滑检验台允许载荷的汽车通过侧滑检验台，以免将其损坏。

（2）车辆通过侧滑检验台时，不得转动转向盘；不得在侧滑检验台上制动或停车；应保持侧滑检验台侧滑板下部的清洁，防止锈蚀或阻滞。

（3）对于双转向轴车辆应一次性通过侧滑检验台，分别测量得到两个转向轴的侧滑量。

（4）每个转向轴通过侧滑检验台前，仪表都应处于零位。

4. 侧滑量的检测分析

（1）侧滑量的检测标准

国家标准《机动车运行安全技术条件》（GB 7258—2017）和国家标准《机动车安全技术检验项目和方法》（GB 38900—2020）规定，汽车的车轮定位应与该车型的技术要

求一致。对前轴采用非独立悬架的汽车，其转向轮的横向侧滑量用侧滑检验台检验时应小于或等于 5 m/km。

乘用车的前轮侧滑量一般在 ±3 m/km。规定侧滑量方向为外正内负，在侧滑检验台上，侧滑板向外滑动的数值记为“+”，向内滑动记为“-”。

（2）检测结果的分析

侧滑量超标时，若读数为“+”，表明前束太大或外倾角太小甚至车轮内倾；若读数为“-”，表明前轮外倾角太大或前束过小甚至负前束。总之，车轮侧滑量超标，说明车轮外倾与前束匹配不当，应加以调整。

通常，车轮的外倾角不可调整，因此只能调整车轮前束。绝大多数情况下的侧滑不合格都可以通过调整车轮前束得到解决，但侧滑调整合格后并不一定说明其车轮定位符合设计要求。因此，为了确保行车安全，建议通过静态车轮定位检测与调整来解决车辆侧滑量不合格的问题。

任务 3　车轮平衡的检测

学习目标

1. 熟悉车轮静平衡与动平衡的原理。
2. 掌握引起车轮不平衡的主要原因。
3. 了解就车式车轮平衡机的结构组成与检测原理。
4. 掌握就车式车轮平衡机的检测方法，能对检测结果进行准确分析。

高速行驶的汽车，若车轮不平衡，会引起车轮的跳动和摆振，这不仅影响汽车的行驶平顺性和操纵稳定性，还会使车辆难以控制，影响汽车行驶的安全性，同时会加剧轮胎及有关机件的磨损和冲击，缩短汽车的使用寿命。因此，车轮的平衡问题应引起重视，车轮平衡度已成为汽车检测项目之一。

一、车轮静平衡与动平衡的原理

1. 车轮的静平衡

车轮静平衡是指车轮质心与其旋转中心重合。检验车轮静平衡的方法是：支起车轴，调整好轮毂轴承的松紧度，用手轻转车轮，使其旋转至自然停转。在停转的车轮离地最近处作一标记，然后重复上述试验多次。如果每次试验结束时的标记都停在离地最近处，说明车轮存在静不平衡。这个车轮上所作的标记点称为静不平衡点或垂点。反之，若车轮经几次转动自然停转后所作标记的位置各不一样，或强迫停转消除外力后车轮不再转动，则车轮是静平衡的。

静平衡的车轮，其质心与旋转中心重合；静不平衡的车轮，其质心与旋转中心不重合，在旋转时产生离心力，如图 5-3-1 所示。

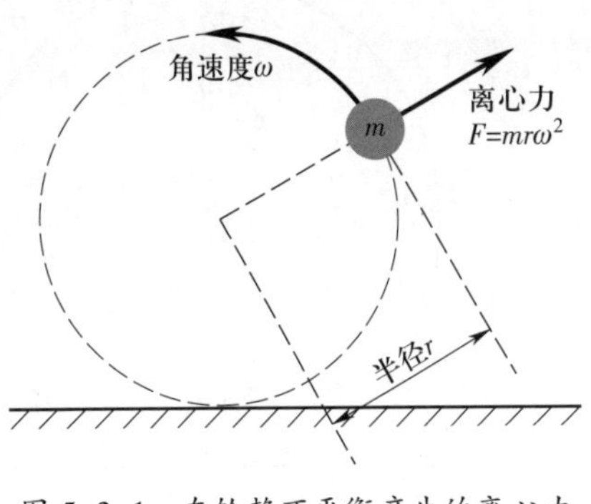

图 5-3-1　车轮静不平衡产生的离心力

离心力计算公式如下：

$$F=mr\omega^2 \tag{5-5}$$

式中　F——离心力，N；

m——静不平衡点质量，kg；

r——静不平衡点离车轮旋转中心的距离，m；

ω——车轮旋转角速度（$\omega=2\pi n/60$，n 为车轮转速，r/min），rad/s。

从式（5-5）可以看出，若车轮的转速 n 越高，静不平衡点的质量 m 越大，静不平衡点离车轮旋转中心的距离 r 越远，则离心力 F 越大。

离心力 F 可分解为水平分力 F_x 和垂直分力 F_y，如图 5-3-2 所示。车轮旋转一周，垂直分力 F_y 有两次落在通过车轮中心的垂线上，一次在 a 点，一次在 b 点，方向相反，均达到最大值，使车轮上下跳动，并引起前轮摆振；水平分力 F_x 有两次落在通过车轮中心的水平线上，一次在 c 点，一次在 d 点，方向相反，均达到最大值，使车轮产生前后的窜动，并形成绕主销来回摆动的转矩，造成前轮摆振。当左右车轮的不平衡质量处于相对 180° 的位置时，前轮摆振最为严重。

消除车轮静不平衡的方法是：在车轮适当位置加一平衡块，使平衡块质量和静不平衡质量所产生的离心力大小相等，方向相反。这样车轮旋转时，二者的合力等于零，车轮就可达到静平衡状态。

2. 车轮的动平衡

若车轮的质心偏离其旋转轴线或车轮的惯性主轴与其旋转轴线不重合，则该车轮为动不平衡。当此车轮高速转动时，就会产生较大的离心力或力矩，造成车轮上下振动或左右摆动，出现不平衡的现象。

图 5-3-3a 所示车轮是静平衡的。在该车轮旋转轴线的径向相反位置上，各有一作用半径相同、质量也相同的不平衡点 m_1 与 m_2，且处于不同平面内。对于这样的车轮，其不平衡点的离心力合力为零，但离心力的合力矩却不为零，转动中产生方向反复变动

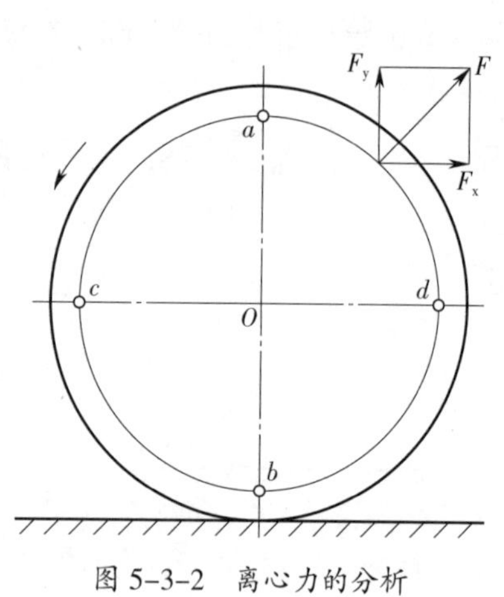

图 5-3-2　离心力的分析

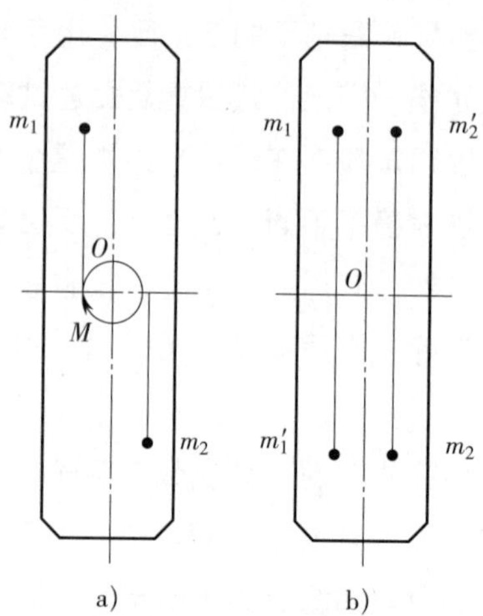

图 5-3-3　车轮平衡示意图

a）车轮静平衡但动不平衡　b）车轮动平衡

的力偶 M，使车轮处于动不平衡中，动不平衡的前轮绕主销摆振。如果给 m_1 与 m_2 在同一作用半径的相反方向上配置相同质量 m_1' 与 m_2'，则车轮处于动平衡中，如图 5-3-3b 所示。

消除车轮动不平衡的方法是：在轮辋内、外侧两平面适当位置，加装适当质量的平衡块。当车轮旋转时，平衡块产生的离心力及力偶，正好可用来抵消车轮动不平衡力及力偶的作用，从而使车轮处于动平衡的状态。

二、引起车轮不平衡的主要原因

1. 前轮定位不当，尤其是车轮前束和主销倾角，不仅影响汽车的操纵性和行驶稳定性，还会造成轮胎偏磨，这种胎冠的不均匀磨损与轮胎不平衡形成恶性循环。因此在使用中出现车轮不平衡，也可能是车轮定位失准的信号。

2. 轮胎和轮辋以及挡圈等因几何形状失准或密度不均匀而先天形成的质心偏离。

3. 因轮毂和轮辋的定位误差使安装中心与旋转中心难以重合。

4. 维修过程的拆装改变了原有车轮的整体综合质心位置。

5. 轮辋直径过小，运行中轮胎相对于轮辋在圆周方向发生滑移，产生波状不均匀磨损。

6. 车轮因碰撞造成的变形引起质心位移。

7. 轮胎在翻新中因精度不高，而造成新胎冠厚度不均匀使质心改变。

8. 高速行驶中制动抱死而引起纵向和横向滑移，会造成胎面局部的不均匀磨损。

9. 车轮里安装了用于检测胎压的胎压传感器。

三、就车式车轮平衡机的检测原理

由于动平衡的车轮肯定是静平衡的，而静平衡的车轮却不一定是动平衡的，因此，对车轮一般进行动不平衡检测，只有当车轮外径和轮宽之比大于或等于 5 时，才采用静不平衡检测。

车轮不平衡的检测方法按其检测方式不同可分为就车检测和离车检测两种。

在汽车检测线上，使用离车式车轮平衡机检测车轮的平衡度比较麻烦，需拆卸车轮，严重影响检测进度。就车式车轮平衡机不需拆卸车轮即可完成车轮平衡度的检测，所以更适用于检测线。

1. 车轮平衡机的使用注意事项

（1）离车式车轮平衡机的主轴固定装置和就车式车轮平衡机的支架上都装有精密的位移传感器和易碎裂的压电晶体传感器，因此，严禁冲击和敲打主轴或传感器支架。

（2）在检修车轮平衡机时，传感器的固定螺栓不得松动。因为这一螺栓不是一般的紧固件，它向传感晶体提供必要的预紧力，当预紧力发生变化时，电算过程将完全失准。

（3）平衡块的最小质量为 5 g，因此，过分苛求车轮平衡机的精度和灵敏度并无太大的实际意义。在特殊情况下，如高速小客车和赛车，可使用特制的平衡块。

（4）车轮平衡机的机械系统和电算电路都是针对正常车轮使用条件下平衡失准或轻微受损但仍能使用的车轮而设计的，对因交通事故而严重变形的轮辋或胎面大面积剥离的车轮是不能上机进行平衡作业的。不平衡量过大的车轮旋转时产生的离心力可能会损伤车轮平衡机的传感系统，并且超值的不平衡力可能会溢出电算范围而使设备自动拒绝工作。

（5）当不平衡量超过最大配重时，可用两个以上平衡块并列使用，但这时要注意因多个平衡块占用较大的扇面会使其有效质量低于实际质量，因扇面的边缘的质量所处半径 R_2 小于计算半径 R_1，如图 5-3-4 所示。这种情况不仅影响该面的平衡力，而且还波及左右两面的力矩值（动平衡量）。因此，在使用多个平衡块时须慎重。

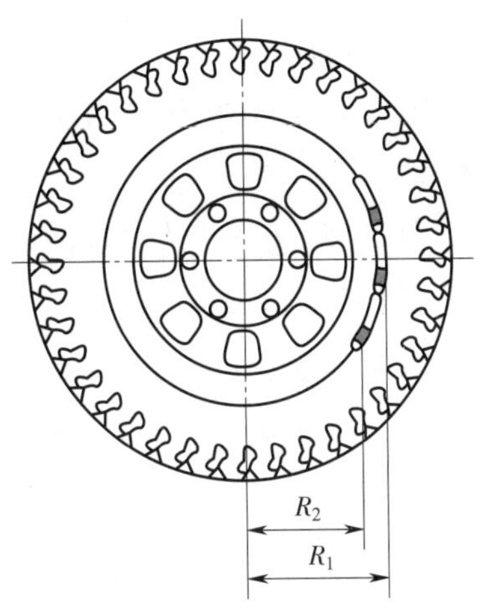

图 5-3-4　多个平衡块的并用

2. 就车式动平衡检测的特点

（1）检测效率高。可直接在车上对车轮进行不平衡检测作业，不需拆装车轮，检测速度快、效率高，适用于检测线。

（2）检测效果好。就车检测实际上是对车轮以及与其相连的旋转元件进行的综合平衡性检测，其中包括对制动鼓或制动盘的平衡检测，它解决的是车轮在实际使用状态下的系统平衡问题。

（3）平衡难度相对较大。当车轮旋转系统调整不当、系统各部件严重变形及不平衡时，就车检测和车轮平衡的难度较大。

四、就车式车轮平衡机的检测方法

1. 检测前的准备工作

（1）用千斤顶支起车轴，两边车轮离地间隙要相等。

（2）清除被测车轮上的泥土、石子和旧平衡块。

（3）检查轮胎气压，必须达到规定气压值。

（4）检查轮毂轴承是否松旷，调整至规定松紧度。

（5）在轮胎外侧面任意位置上用白粉笔或白胶布做上标记。

2. 就车式车轮平衡机的检测步骤

由于检测线是流水作业，在检测线上基本不做调修。因此，在进行车轮平衡检测时，仅给出检测结果并判定是否合格即可，不进行校正操作。

（1）从动前轮静平衡

1）用三角垫木塞紧对侧车轮和后轴车轮，将就车式车轮平衡机的测量装置推至被测前轮一端的前轴下，传感磁头吸附在悬架或转向节下，调节可调支杆的高度并锁紧。

2）推动就车式车轮平衡机至车轮侧面或前面（视车轮平衡机形式不同而异），检查频闪灯工作是否正常，检查转轮的旋转方向能否使车轮的转动方向与前进行驶时方向一致。

3）操纵车轮动平衡机转轮与轮胎接触，启动驱动电动机带动车轮旋转至规定转速。

4）观察频闪灯照射下的轮胎标记位置，并从指示装置（第一挡）上读取不平衡量数值。

5）操纵就车式车轮平衡机上的制动装置，使车轮停止转动。

（2）从动前轮动平衡

1）将传感磁头吸附在经过擦拭的制动底板边缘平整处。

2）操纵就车式车轮平衡机转轮驱动车轮旋转至规定转速，观察轮胎标记位置，读取不平衡量数值。

（3）驱动轮的动平衡

1）对侧车轮不必用三角垫木塞紧。

2）用发动机和传动系驱动车轮，加速至 50 ~ 70 km/h 的某一转速下稳定运转。

3）测试结束后，用汽车制动器使车轮停止转动。

3. 车轮动平衡的检测标准

通常车轮动不平衡量不超过 5 g 即为合格，检测标准已存储于车轮平衡机中，因此车轮平衡度的检测只要车轮平衡机显示合格即可。

五、车轮平衡检测结果的分析

车轮平衡检测时，若其不平衡量小于该车型的规定值，则不必对该车轮进行平衡校正；若其不平衡量超标，则应进行平衡作业。但当车轮不平衡值过大时，或通过平衡作业难以达到要求时，应对车轮进行进一步的检查，找出故障原因。

当就车检测车轮不平衡值异常且难以平衡时，应考虑检查随同车轮旋转部件的情况，如制动盘或制动鼓的变形及其动平衡状况等。

任务 4　车轮定位的检测

学习目标

1. 熟悉汽车车轮的定位参数及其作用。
2. 了解四轮定位仪的作用和类型。
3. 掌握四轮定位参数的检测。

汽车操纵稳定性对汽车安全的影响越来越重要，汽车不仅有前轮定位参数，有些汽车的后轮也具有外倾角和后轮前束等参数。

车轮定位参数会影响汽车操纵稳定性。主销后倾角过大时，转向沉重，驾驶员容易疲劳；主销后倾角过小，汽车直线行驶时，容易发生前轮摆振，转向盘摇摆不定，转向后转向盘自动回正能力变弱，驾驶员会失去路感；左右车轮的主销后倾角不相等时，车辆直线行驶时会跑偏，驾驶员不敢放松转向盘，难以操纵或极易引起驾驶员疲劳；后轮前束角失准也会引起跑偏和轮胎异常磨损等故障。因此，适时检测这些定位参数是非常必要的。

一、汽车车轮的定位参数及其作用

车轮定位包括前轮定位和后轮定位，即四轮定位。前轮定位参数是指前轮前束、前轮外倾角、主销后倾角（图中未表示）和主销内倾角，后轮定位参数主要是指后轮前束、后轮外倾角，如图 5–4–1 所示。车轮定位参数是车辆技术状况的重要诊断参数，其正确性对汽车的操纵稳定性、行驶安全性有着至关重要的作用。当汽车发生碰撞事故或操纵稳定性变差时，需要进行车轮定位检测。

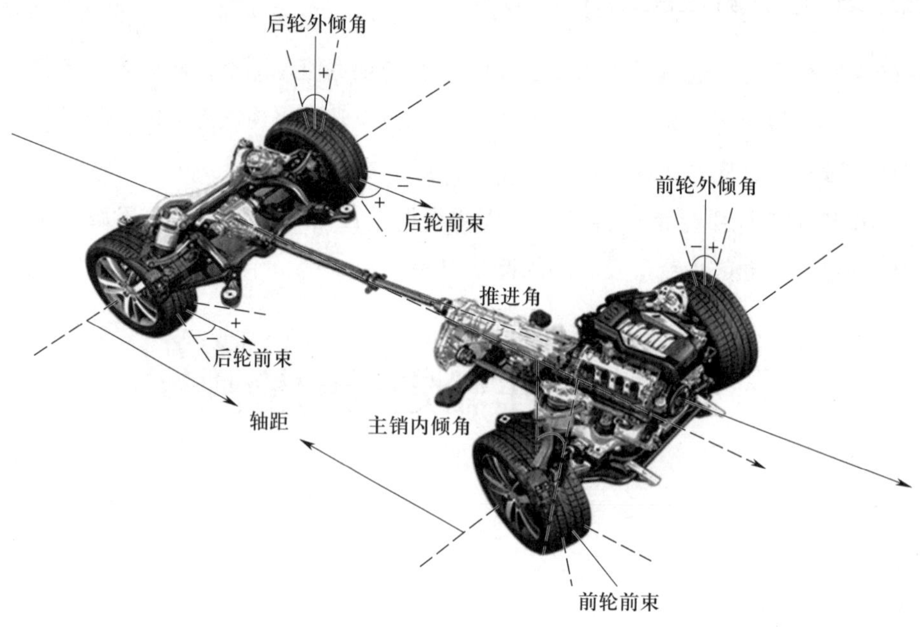

图 5–4–1　车轮定位参数

1. 主销后倾角

主销后倾角是指在汽车纵向平面内，主销上部向后倾斜而与车轮中心的垂线形成的角度 γ，如图 5–4–2 所示。设置主销后倾角，主销中心线的接地点与车轮中心的地面投影点之间产生距离，使车轮的接地点位于转向节主销延长线的后端，车轮就靠行驶中的滚动阻力被向后拉，使车轮朝向行驶方向。但主销后倾角过大，会使转向盘沉重，且由于路面干扰，会加剧车轮的前后颠簸。

2. 主销内倾角

主销内倾角是指在汽车横向平面内，主销上部向内倾斜而与垂线形成的角度 β，如图 5–4–3 所示。当车轮以主销为中心回转时，车轮的最低点将陷入路面以下，但实际上车轮下边缘不可能陷入路面以下，而是将转向轮连同整个汽车前部向上抬起一个相应的高度，这样汽车本身的重力有使转向轮回到原来中间位置的效应，因而转向盘容易复位。此外，主销内倾角还使得主销轴线与路面交点到车轮中心平面与路面交线的距离减小，从而减小转向时驾驶员加在转向盘上的力，使转向操纵轻便，同时也可减小从转向轮传到转向盘上的冲击力。但主销内倾角过大会加速轮胎的磨损。

3. 车轮外倾角

除主销后倾和内倾两个角度用于保证汽车直线行驶外，车轮中心的平面也不是垂直于地面的，而是向外倾斜一个角度 α，称为车轮外倾角，如图 5–4–4 所示。一般将车轮

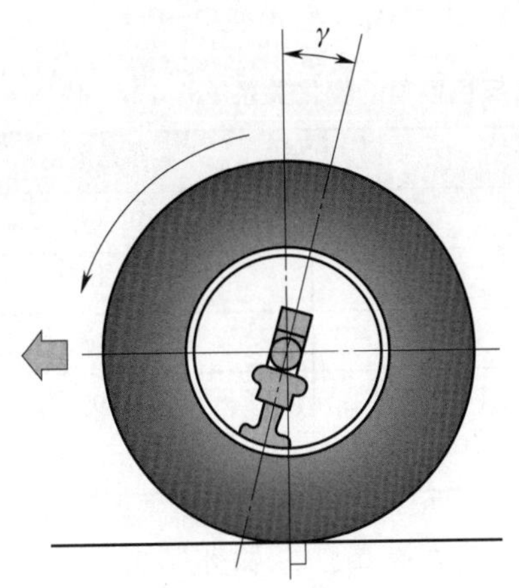

图 5-4-2　主销后倾角

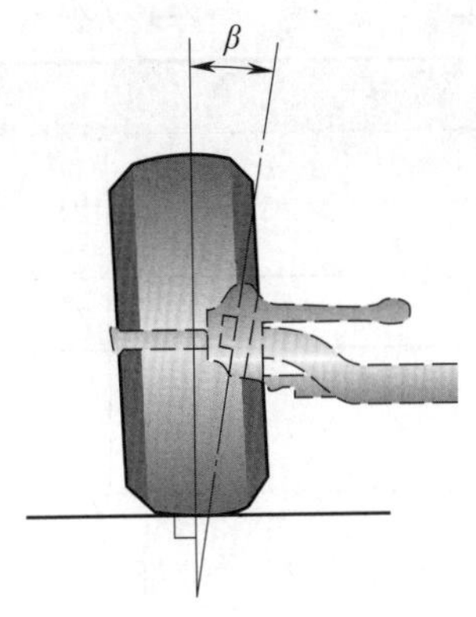

图 5-4-3　主销内倾角

外倾角设计得很小，接近 0°。若外倾角过大会使轮胎磨偏，降低轮胎摩擦力。

4. 前轮前束

左右前轮的旋转平面不平行，车轮前端胎面中心线间的距离 B 小于车轮后端胎面中心线间的距离 A，称为前轮前束，如图 5-4-5 所示。采用这种结构的目的是修正上述车轮外倾角引起的车轮向外侧转动的趋势。一方面，由于有车轮外倾角，转向轻便；另一方面，由于车轮倾斜，左右车轮分别向外侧转动。为了修正这个问题，使左右车轮有一定的前束值而向内侧转动，向外侧转动和向内侧转动的作用相互抵消，左右两轮应保持直线行进，以减少轮胎的磨损。

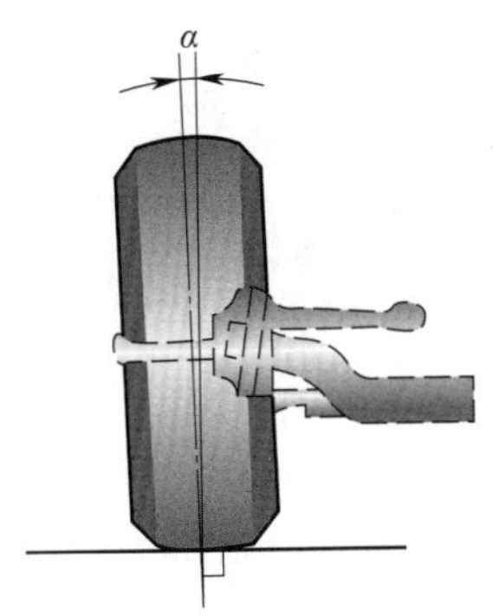

图 5-4-4　车轮外倾角

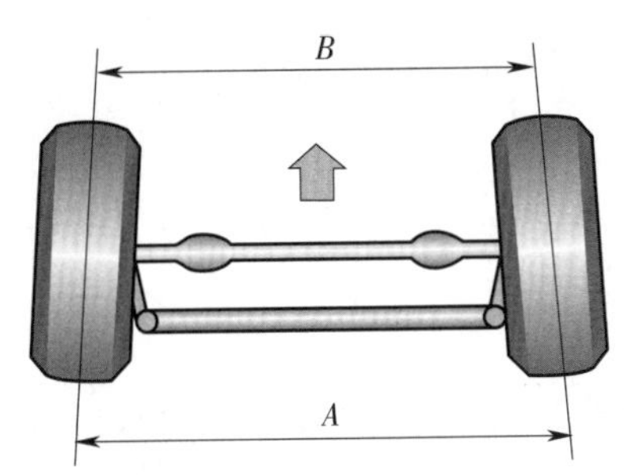

图 5-4-5　前轮前束

对于每个车轮来说，前端偏向汽车中心纵轴线为正前束，前端偏离汽车中心纵轴线为负前束。总前束是左轮前束和右轮前束之和。

前轮前束可通过改变转向横拉杆的长度来调整。调整时，可根据各厂家规定的测量位置，使两轮前后距离差（$A-B$）符合所规定的前束值。一般前束值都小于 12 mm。

5. 包容角

主销内倾角和车轮外倾角之和称为包容角，在悬架系统没有损坏的情况下，主销内倾角和车轮外倾角会有变化，但是包容角不变，其变化关系见表 5–4–1。

表 5–4–1　车轮外倾角、主销内倾角与包容角的变化关系

车轮外倾角	主销内倾角	包容角
2°	7°	9°
1°	8°	9°
0°	9°	9°
–1°	10°	9°
–2°	11°	9°

主销内倾角虽然一般都不能调整，但是主销内倾角、车轮外倾角和包容角的变化（图 5–4–6），可以帮助判断悬架系统的主要构件是否完好。

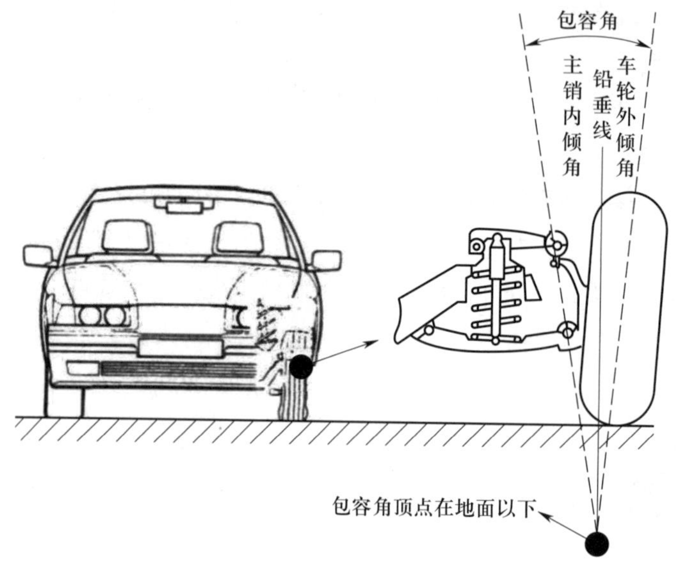

图 5–4–6　主销内倾角、车轮外倾角和包容角

6. 推进角

推进角是指汽车后轮总前束的夹角平分线（推力线）与汽车几何中心线所成的角度，如图 5–4–7 所示。一般规定推力线朝左为正值，朝右为负值。如果推进角不为 0，则汽车存在侧向运动的趋势。

7. 轴距差

两前轮中心的连线与两后轮中心的连线之间的夹角称为汽车的轴距差，如图 5–4–8 所示。当右侧车轮的距离比左侧车轮的距离大时，规定轴距差为正值；反之，当右侧车轮的距离比左侧车轮的距离小时，规定轴距差为负值。如果汽车的前后轮距已知，则轴距差可以用角度值来表示。

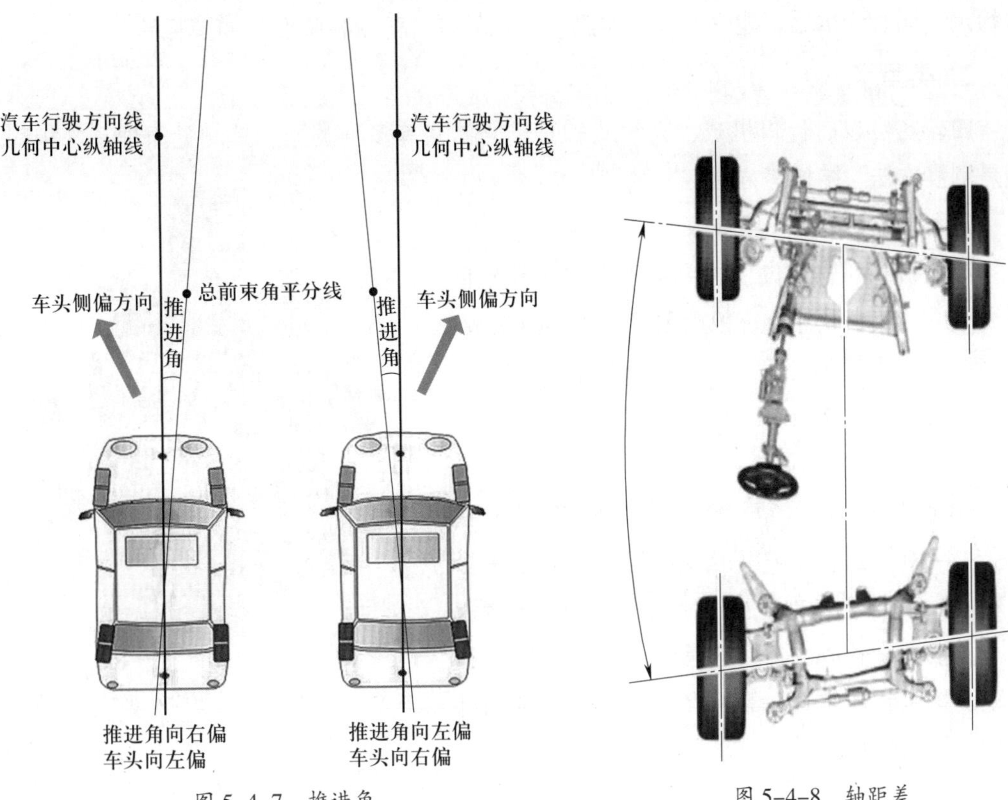

图 5-4-7　推进角

图 5-4-8　轴距差

8. 车轮定位参数间的关系

一般来说，正的外倾角应有正的前束来保证车轮向正前方滚动，负的外倾角多由负的前束来匹配，但并不绝对，因为还有主销内倾角和主销后倾角对转向也有影响。

汽车车轮的定位是相辅相成的。设置主销内倾角，有利于转向后的转向盘自动回正。为了保证车轮不因主销内倾角而发生内倾，要设置车轮外倾角。车轮外倾角使车轮在满载时能与地面垂直，而且承受车架传来的重力作用点较合理，使负荷均衡，但又因此而产生了车轮前进中的向外展开的滚锥效应，所以又要设置车轮前束，以抵消前轮的外展趋势。

二、四轮定位仪的作用、类型和使用注意事项

1. 作用

四轮定位仪是专门用来测量车轮定位参数的设备。四轮定位仪可检测的项目包括：主销后倾角、主销内倾角、前轮外倾角、后轮外倾角、前轮前束值 / 角、后轮前束值 / 角、包容角、推进角和轴距差等。

通过四轮定位仪对定位参数的检测和调整，可增加车辆直线行驶时的安全性，同时能维持车辆的直线行驶，转向后转向盘能自动回正，从而改善驾驶操控性。全部定位参

数检测、调整合格后，能够减少轮胎磨损、悬架系统磨损和降低燃油消耗等。

2. 类型

四轮定位仪有计算机式、光学式和三维立体式等多种类型，其测量原理基本相同，只是测量方法、结构等方面有所区别。

（1）计算机式四轮定位仪

计算机式四轮定位仪主要由硬件系统和软件系统组成，其中硬件系统包括主机、传感器接头、通信系统、机械部分等。计算机式四轮定位仪主机外形如图 5–4–9 所示。

图 5–4–9 计算机式四轮定位仪主机外形

（2）3D 四轮定位仪

3D（3Dimension，三维立体）四轮定位仪（图 5–4–10）由高分辨率的摄像机采集装在每个车轮反光板上的图像信息，计算机内安装图像采集卡，根据车轮的立体姿态信息计算每个车轮相对于测量系统的位置关系和角位置关系，最后计算车轮的定位参数。

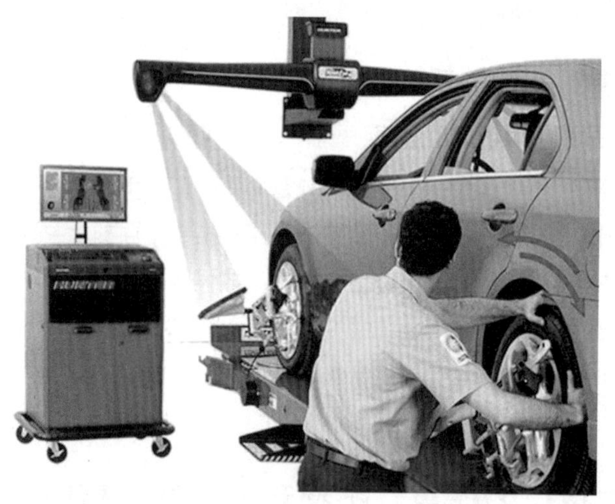
图 5–4–10 3D 四轮定位仪

3. 四轮定位仪使用注意事项

（1）四轮定位仪是一种较为精密的检测设备，操作人员在使用前需经过专业培训，并且在使用四轮定位仪前应先仔细阅读产品说明书，以便更好地了解四轮定位仪的操作过程。在安装设备时一定要按照产品说明书上的要求去操作。

（2）传感器是计算机式四轮定位仪的重要元件，在使用前要进行校正，以保证测量精度。

（3）传感器在卡盘轴上安装要妥当，在不用时应妥善保存，避免受到损害，电测类传感器在通电前应该接线安装完毕，不要带电接线，以避免电子振荡，冲击损坏元器件。

（4）四轮定位仪需要移动时，注意不要使其受到振动，否则可能会损坏传感器及计算机等部件。

三、四轮定位参数的检测

不同的四轮定位仪的使用方法不同，在使用前必须仔细阅读使用说明书。

1. 四轮定位检测前的准备

（1）对被测车辆进行预检查。检查轮胎气压是否符合规定、轮胎尺寸是否一致；轮辋变形是否严重；车轮轴承间隙是否正常；悬架系统、转向节及其拉杆的球头销有无间隙过大等。若不符合要求，则应先行修复，否则会导致检测数据不准确。

（2）根据汽车轴距和轮距确定转角盘和后滑板的位置，确保检测时各车轮都能处于同一水平面，避免测量倾角时产生误差。

（3）用锁销将转角盘锁紧，随后将汽车行驶到举升机上，使前轮正好位于转角盘中心，当车轮处于直线行驶状态时，转角盘的指针应与刻度盘上的“0”刻度对齐。车辆停稳后，进行驻车制动，以确保车辆不移动和人员安全，然后松开锁销。

（4）将轮夹装在轮辋上，然后按规定的顺序分别将四个传感器接头牢固地安装在汽车相应的四个车轮上。

（5）调节各传感器接头，使水准仪气泡处于中间位置，保证传感器接头处于水平位置。

2. 四轮定位参数检测时的操作程序

（1）打开设备电源，启动计算机。经过计算机自检进入 Windows 操作系统，系统自动运行四轮定位仪的专用软件，显示器屏幕进入测量程序主界面。

（2）单击“车型选定”按钮，进入下一级菜单，选择车型数据并开始检测或偏心补偿。

（3）偏心补偿。为减少轮辋变形及轮夹安装误差对检测精度的影响，四轮定位仪设计了偏心补偿功能，以补偿双侧车轮的同轴度。偏心补偿时，架起车轮并放松驻车制动器操纵杆，按界面提示操作要求，依次对各车轮进行偏心补偿。

（4）按显示器界面的提示，将驻车制动器操纵杆拉紧，用制动踏板固定架将行车制动踏板压紧，将车辆二次举升复位，使前轮落在转角盘中心，再用力压几下前后车身，使汽车恢复原始状态。然后，按下传感器的“MEMORY”键或键盘上的“M”键，进入测量界面。若不做偏心补偿，则无步骤（3）和（4），按 F1 键直接进入测量界面。

（5）按显示器界面的提示，逐项进行所需的四轮定位参数检测与调整。

（6）检测完毕，可以查看检测结果，打印检测报告。

（7）检测完毕，退出车轮定位检测程序，关闭主机。

3. 四轮定位参数的检测标准

不同车辆的车轮定位参数值是不同的。四轮定位仪储存有很多车型的车轮定位标准值，可以人工调取，与实测值相比较，对被测车辆的车轮定位状况给出正确的评价。另外，四轮定位仪计算机本身也具有自动比较功能。当一个数据测量结束时，四轮定位仪计算机会自动比较，并给出“合格（或显示绿色）”“不合格（或显示红色）”“符合标准”“超出允许范围”等提示，且可以实时显示各数据的变化。

4. 四轮定位仪检测的特点

（1）操作简单、使用方便

四轮定位仪的操作界面清晰，具有实时帮助系统，把复杂的四轮定位检测简化成“看图操作”。屏幕中的菜单、图形或数字能指引操作人员快捷、正确地检测或调整车轮定位。

（2）测量参数全面、准确

四轮定位仪由于采用了先进的测量系统和科学的检测方法，因此可以全面、准确地测量车轮前束、车轮外倾角、主销后倾角、主销内倾角、推进角、轴距差等定位参数。

（3）适用车型多

四轮定位仪的车型数据齐全，一般带有多种汽车的车轮定位数据及调整方法，用户还可补充新的汽车定位数据资料。

（4）检测效率高

四轮定位仪的传感器接头在车轮上能快捷定位，其检测系统能实现快速校准，快捷搜索数据查询系统，可快速查找所测车型数据，自动提示测量进度，并保存或打印测量结果，这些都可以最大限度地提高工作效率。

任务5　悬架系统工作性能的检测

学习目标

1. 了解汽车悬架系统工作性能的评价指标。
2. 了解影响汽车平顺性的主要因素。
3. 了解汽车悬架系统工作性能的检测标准。
4. 掌握悬架系统工作性能的检测，能对检测结果进行准确分析。
5. 了解汽车悬架系统工作性能的简单检测方法。

汽车悬架系统中的减振器对汽车行驶平顺性、乘坐舒适性、操纵稳定性和行驶安全性的影响很大。当减振器工作不正常时，汽车在行驶中会出现严重跳跃的现象，车轮轮胎接地力减小，汽车转向盘抖动或摆振，弯道行驶时车身晃动加剧，制动时易发生跑偏或侧滑，轮胎磨损异常，乘坐舒适性降低，有关机件磨损速度加快。

在高速行驶状态下，汽车的操纵稳定性和行驶安全性与悬架系统有着直接的关系。因此，悬架系统工作性能的检测十分重要。

一、汽车悬架系统工作性能的评价指标

汽车悬架系统的弹性元件或减振器损坏后，车轮和道路的接触状态变差。汽车悬架系统工作性能的主要评价指标有车轮接地力和车轮接地性指数。

1. 车轮接地力

车轮接地力是指模拟汽车行驶时车轮与道路接触的法向力。悬架系统中最易发生故障的部件是减振器。当汽车悬架系统减振器阻尼下降较多时，行驶中车轮离地的概率就会增大，导致轮胎与道路的接触状态变差，接地力减小，汽车操纵稳定性恶化。这不仅影响汽车行驶的平顺性，也会影响汽车的操纵稳定性，使汽车的行驶安全性变差。

在实际路面上行驶时，汽车的各个车轮与地面的作用状况是不一样的。这是由于各车轮悬架系统的性能不一样，或承受负荷不一样，或轮胎气压不一样，或路面冲击不一样等原因造成的。如果在检测台上，人为使各车轮的轮胎气压、承受的负荷和路面冲击

达到一致，那么，车轮与地面的作用状态就主要决定于悬架系统的工作性能。由此，可用车轮作用在地面上的接地力来表征车轮和道路的接触状态，进而评价汽车悬架系统的工作性能。

2. 车轮接地性指数

车轮接地性指数也是汽车悬架系统工作性能的重要评价指标之一。车轮接地性指数也称吸收率，是指在悬架系统检测台上，被测车辆的车轮在受外界激励振动过程中，产生共振时的车轮最小垂直接地力与静止状态下车轮垂直接地力的百分比值，即

$$P=\frac{F_{动}}{F_{静}}\times 100\% \tag{5-6}$$

式中 P——吸收率，%；

$F_{动}$——最小动态接地力，N；

$F_{静}$——静态接地力，N。

车轮接地性指数越大，表明汽车悬架系统的工作性能越好。汽车悬架系统工作性能良好，能够在各种行驶条件下，使车轮与道路之间保持足够大的接地力。

二、影响汽车平顺性的主要因素

影响汽车平顺性的因素很多，主要有汽车本身的结构和使用两个因素。

1. 汽车本身的结构因素

一般情况下，汽车可视为由相互联系的悬架质量和非悬架质量所组成。悬架质量主要由悬架弹簧上的车身、车架及其上的总成所组成；非悬架质量主要由悬架弹簧下的车轮和车轴组成，形成由车身和车轮组成的两个质量振动系统。

（1）悬架弹性的影响

悬架弹性对车身振动频率起着决定性的作用。钢板弹簧、螺旋弹簧悬架均属线性悬架。在使用中，汽车（特别是公共汽车和载货汽车）的有效载荷变化较大，会出现空载时振动频率较高或满载时振动频率较低的现象，往往不能满足汽车平顺性的要求。为了改善这种情况，现代汽车多采用非线性悬架，即其刚度可随载荷的变化而变化。如采用空气弹簧、空气液力弹簧和橡胶弹簧等具有非线性特性的弹性元件，或增设副弹簧、复合弹簧。

（2）悬架阻尼的影响

为了衰减车身的自由振动并抑制车身和车轮的共振，以减小车身的垂直振动加速度和车轮的振幅（防止车轮跳离地面），悬架系统应具有适当的阻尼。悬架的阻尼主要来自减振器、钢板弹簧叶片和轮胎变形时橡胶分子间的摩擦等。

（3）非悬架质量的影响

非悬架质量对汽车的平顺性影响较大，减小非悬架质量可降低车身的振动频率、提

高车轮的振动频率，从而使高频共振现象出现在以更高的速度行驶时，有利于车辆的平顺性。

（4）轮胎的影响

轮胎内摩擦所引起的阻尼作用可吸收振动能量，使振动衰减。从改善汽车平顺性的角度考虑，轮胎的径向刚度应尽可能小。但轮胎刚度过低会增加轮胎侧偏，影响汽车的操纵稳定性，还会使滚动阻力增大，降低轮胎的使用寿命。

（5）底盘旋转件不平衡的影响

在汽车行驶过程中，底盘旋转件（如传动轴、车轮等）的不平衡极易产生周期性的激振力，通过悬架传至车身，影响汽车的平顺性。提高底盘旋转件的动平衡度对改善汽车的平顺性有一定的作用。

（6）轴距的影响

在汽车行驶过程中受到路面不平冲击时，汽车车身的俯仰角加速度随轴距的加大而减小，因此加长轴距对汽车平顺性的改善是非常有利的。

（7）座椅位置的影响

试验表明，接近车身中部的座位，其振动量最小。与汽车质量中心的距离越大，车身振动对乘客的影响越大。对于载货汽车和公共汽车，为了减小水平纵向振动的振幅，座位在高度设置上应尽量减小与质心的距离。

总之，影响汽车行驶平顺性的结构参数很多，且关系错综复杂，必须对这些参数进行综合分析，以便正确选择参数，提高汽车的行驶平顺性。

2. 汽车的使用因素

道路不平是引起汽车振动的主要因素，汽车在不平道路上行驶时，前后车轮连同车身都受到来自路面的冲击作用，这就决定了汽车在运行过程中的平顺性与路面状况和车速有着密切的关系。

三、汽车悬架系统工作性能的检测标准

只对最大设计车速大于或等于 100 km/h、轴载质量小于或等于 1 500 kg 的载客汽车提出悬架特性要求，其轮胎在激励振动下测得的车轮接地性指数应不小于 40%，同轴左右车轮接地性指数之差不得大于 15%。

悬架系统工作性能检测的结果满足标准规定的限值，评定为合格；不满足标准规定的限值，评定为不合格。对不合格的车辆应进行调试、修理，直至检测合格为止。

评价车轮接地性的参考标准见表 5–5–1，其中，车轮接地性指数是在悬架系统检测台台面振幅为 6 mm 时测得的，这也是大部分悬架系统检测台使用的激振振幅。

表 5–5–1　车轮接地性的参考标准

车轮接地性指数 /%	车轮接地状态	车轮接地性指数 /%	车轮接地状态
60 ~ 100	优	20 ~ 30	差
45 ~ 60	良	1 ~ 20	很差
30 ~ 45	一般	0	车轮与路面脱离

四、悬架系统工作性能的检测

1. 检测前的准备工作

（1）按照悬架系统检测台的说明要求进行悬架系统检测台的启动、预热等相关准备。

（2）汽车轮胎规格、气压应符合规定值，车辆空载。

2. 谐振式悬架系统检测台的检测方法

（1）将车辆每轴的车轮依次驶上检测台台面，使轮胎位于台面中央位置。

（2）启动检测程序，激振器工作，带动汽车悬架产生振动，使振动频率上升超过系统的共振频率。

（3）当振动频率超过共振频率后，关闭激振器电源，系统振动频率自然衰减（降低），并通过系统共振频率。

（4）记录衰减振动的过程数据及曲线变化，设置纵坐标为车轮动态载荷变化值，横坐标为时间。计算并显示车轮动态载荷与静态载荷的百分比，计算同轴左右车轮百分比的差值。

（5）打印检测报告及车轮振动衰减曲线图。

3. 谐振式悬架系统检测台的使用注意事项

（1）超出检测台额定载荷的汽车，禁止驶上检测台。

（2）不要在悬架系统检测台上停放车辆和堆积杂物，严禁做空载试验。

（3）不要直接检测轮胎和底盘部分有较多泥土的车辆，如有这样的车辆，应首先清洗并晾干后再进行检测。

（4）雨天检测必须先为车辆除水，晾干后才能检测。

（5）严禁悬架系统检测台中进水，应保持传感器干燥，以保证传感器正常工作。

（6）为了保证检测精度，传感器必须预热 30 min。

4. 悬架系统工作性能检测的分析

在悬架系统中起主要作用的部件是减振器。对在悬架系统工作性能检测中不合格的车辆，其可能的故障原因有：

（1）减振器内部的轴磨损、阀片损坏、各密封处漏油等，导致减振功能失效。

（2）减振器外部的紧固螺栓磨损、松动、脱落。

（3）减振用螺旋弹簧弹性降低、疲劳或折断，造成早期损坏。

（4）悬架系统各连接部件磨损、松动。

五、汽车悬架系统工作性能的简单检测方法

1. 经验法

经验法是指通过外观检视的方法，检查悬架系统的弹簧是否有裂纹；弹簧和导向装置的连接螺栓是否松动；减振器是否漏油、缺油和损坏等。

2. 按压车体法

按压车体法既可以人工按压车体，也可以用试验台的动力装置按压车体。按压车体使车身上下晃动，观察悬架系统减振器和各部件的工作情况，凭经验判断是否需要更换或修理减振器和其他部件。

模块六 —— 汽车前照灯检测

汽车在行驶过程中受到振动，可能引起前照灯部件的安装位置变动，从而改变光束的正确照射方向。同时，灯泡在使用过程中会逐渐老化，反射镜也会受到污染而使其聚光性能变差，导致前照灯、信号灯的亮度不足，或部分损坏。这些变化都会使驾驶员对前方道路情况辨识不清，或造成对面来车交会时对方驾驶员眩目，或使其他车辆驾驶员无法识别本车的运行状态，造成事故。

汽车前照灯检测是汽车安全性能检测的重要项目。前照灯诊断的主要参数是发光强度和光束照射位置。当发光强度不足或光束照射位置偏斜时，会造成夜间行车驾驶员视线不清，或使迎面来车的驾驶员眩目，将影响行车安全。因此，定期对前照灯的发光强度和光束照射位置进行检测、校正，可为驾驶员提供良好的行车道路照明和信号显示，保证行车安全。

任务1　汽车前照灯性能的评价指标及检测标准

学习目标

1. 了解汽车前照灯性能的评价指标。
2. 熟悉前照灯的配光特性。
3. 熟悉前照灯的检测标准。

一、汽车前照灯性能的评价指标

1. 发光强度

发光强度也称光强，是表示光源在一定方向范围内发出的可见光辐射强弱的物理量，单位为坎德拉，简称“坎”，用符号 cd 表示。发光强度按国际标准单位（SI）规定，一光源在给定方向上发出频率为 540×10^{12} Hz 的单色辐射，且在此方向上的辐射强度为每球面度 1/683 W 时，则此光源在该方向上的发光强度为 1 cd。

2. 照度

由于实际检测汽车前照灯时，检测仪均需离开前照灯一定的距离，因此前照灯检测仪实际检测的并不是发光强度，而是照度。

照度是物体单位面积上所得到的光通量，表示不发光物体被光源照明的程度，为受光面明亮度的物理量，单位为勒克斯，用符号 lx 表示。1 lx 为 1 lm（流明）的光通量均匀分布在 1 m^2 表面上所产生的照度，也等于 1.02 cd 的点光源在半径为 1 m 的球面上产生的照度。

3. 发光强度和照度的关系

在光源发光强度不变的情况下，物体离开光源越远，被照亮的程度越差。在不计光源大小即把光源看作点光源的情况下，照度与离开光源距离的平方成反比，可用下式表示：

$$\text{照度}=\frac{\text{发光强度}}{\text{离开光源距离的平方}} \tag{6-1}$$

从而可得，距离发光强度为 20 000 cd 光源 1 m 的地方，照度为 20 000 lx；距离为 2 m 的地方，照度为 5 000 lx；距离为 10 m 的地方，照度为 200 lx。

前照灯就是一个光源，前照灯发光强度越大，受光物体照得越亮，驾驶员能看清物体的距离就越远。

4. 光束照射位置的偏移量

如果把前照灯最亮的地方看作光束的中心，则它对水平、垂直坐标轴交点的偏离，即表示它的照射方位的偏移，其偏移的尺寸就是光束照射位置的偏移值，也称为光轴的偏斜量。

前照灯的光束照射方向会影响驾驶员夜间行车的视野，影响汽车前方路面的照明程度，以及影响迎面来车驾驶员的视觉。因此，在前照灯发光强度足够的情况下，正确的光束照射位置能使驾驶员夜间行驶、会车时看清前方的路面，确保行车安全。

二、前照灯的配光特性

前照灯的远光是夜间行车照明用的，当无迎面来车或不尾随其他车辆时，希望灯光照得远并使路面有足够的亮度；前照灯的近光是会车用的，要求光束倾向路面右侧，以避免迎面来车驾驶员眩目。因此，前照灯发出的光线应满足一定的分布，即配光特性。配光特性是指用等照度曲线表示的明亮度分布特性，又称光形分布特性，它可反映受照物体各部位照度的大小。前照灯的配光特性有对称配光和非对称配光两种。

1. 对称配光特性

对称配光特性是指前照灯光束在受照物体上所产生的等照度曲线对称的一种光形分布。好的配光特性要求等照度曲线的分布在垂直方向窄，在水平方向宽，且左右对称，不偏向一边，如图 6–1–1 所示。

典型的前照灯远光光束配光是一个上下、左右对称分布的亮斑，越靠近亮斑中心，其照度越大，并以中心点为中心，形成如图 6–1–2 所示的远光灯光强度等照度曲线。

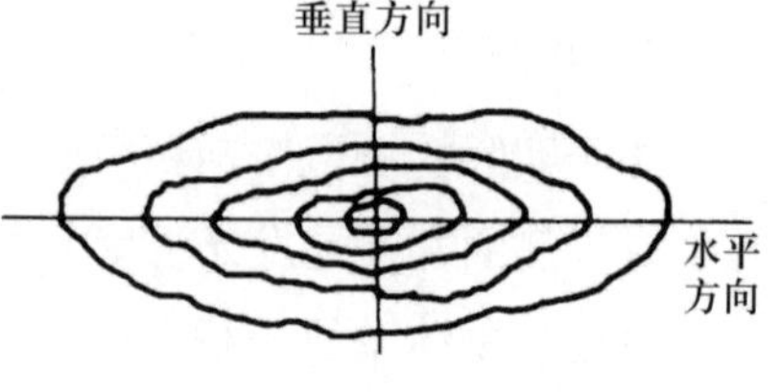

图 6–1–1　对称配光特性

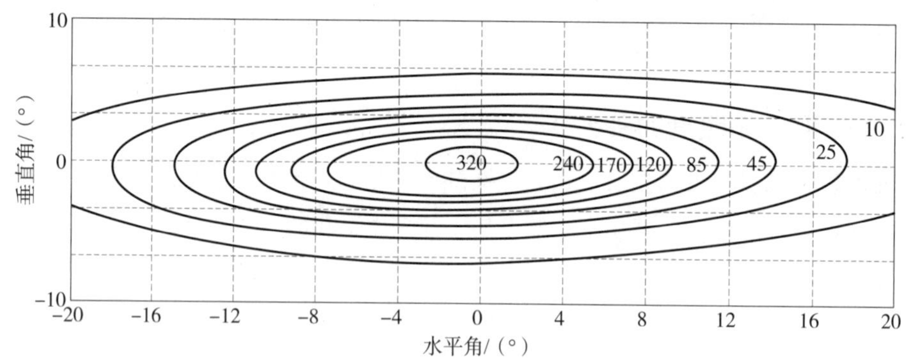

图 6–1–2　远光灯光强度等照度曲线（×100 lx）

2. 非对称配光特性

非对称配光特性是指前照灯光束在受照物体上产生等照度曲线不对称的一种光形分布。非对称配光特性的灯光投射到配光屏幕，会有一条明显的明暗截止线（明暗陡变的分界线），常见的非对称配光方式有两种，如图 6–1–3 所示。

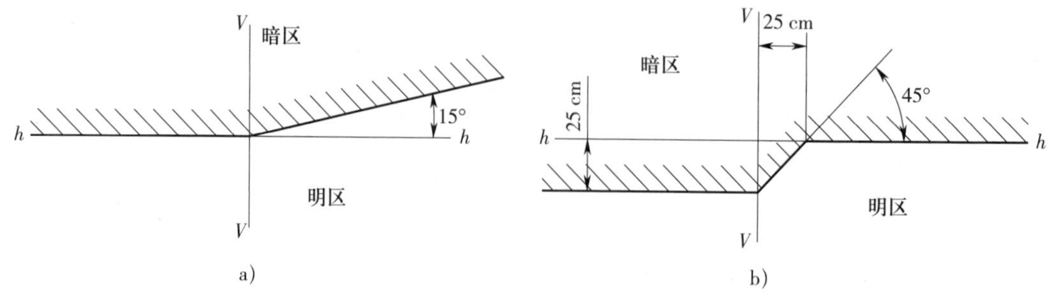

图 6–1–3　非对称配光示意图

V—V 为汽车纵向中心平面在屏幕上的投影线　h—h 为汽车前照灯基准中心高度水平线

非对称配光的效果如图 6–1–4 所示。

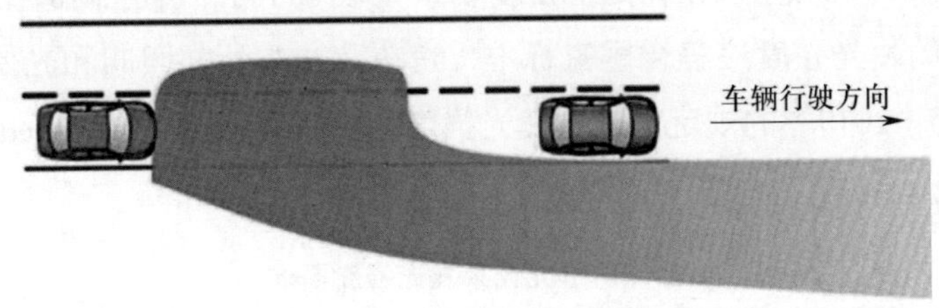

图 6–1–4　非对称配光的效果

典型的前照灯近光灯配光特性有明显的明暗截止线，在明暗截止线的左上方有一个比较暗的暗区，在明暗截止线的右下方有一个比较亮的亮区；其光强最强的区域在明暗截止线的右下方，以光强最大的区域中心点为中心，形成一定的等照度曲线。图 6–1–5 所示为近光灯光强度等照度曲线。

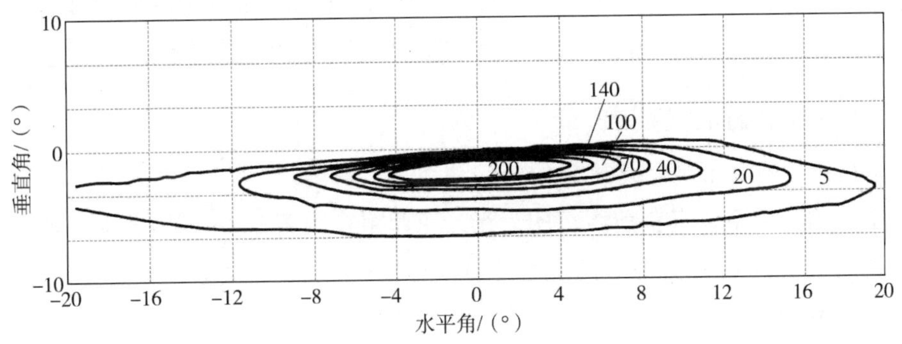

图 6–1–5　近光灯光强度等照度曲线（×100 lx）

良好的前照灯配光特性可以使其远光具有良好的照明，近光具有足够的照明且不眩目。

三、前照灯的检测标准

1. 前照灯远光光束的发光强度要求

（1）前照灯的基本要求

1）汽车装备的前照灯应有远近光变换功能；当汽车远光变为近光时，所有远光应能同时熄灭。

2）所有前照灯的近光不应眩目，在获得良好的道路照明的同时，不应给驾驶员和其他道路使用者带来不适。

3）汽车前照灯光束照射位置在正常使用条件下应保持稳定。

4）汽车应具有前照灯光束高度调整装置 / 功能，以便根据装载情况对光束照射位置进行调整。

（2）远光光束发光强度要求

汽车每只前照灯的远光光束发光强度要求见表 6–1–1；并且同时打开所有前照灯（远光）时，总的发光强度应符合国家标准《汽车及挂车外部照明和光信号装置的安装规定》（GB 4785—2019）的规定（总的发光强度之和应不超过 430 000 cd）。检测时，电源系统应处于充满电状态。

表 6–1–1　　前照灯远光光束发光强度要求

机动车类型	检查项目					
	新注册车 /cd			在用车 /cd		
	一灯制	两灯制	四灯制	一灯制	两灯制	四灯制
三轮汽车	8 000	6 000	—	6 000	5 000	—
最大设计车速小于 70 km/h 的汽车	—	10 000	8 000	—	8 000	6 000
其他汽车	—	18 000	15 000	—	15 000	12 000
备注	四灯制是指前照灯具有四个远光光束；采用四灯制的汽车其中两个对称的前照灯达到两灯制的要求时视为合格					

2. 光束照射的位置要求

（1）前照灯的近光光束照射位置要求

在空载的状态下，汽车前照灯的近光光束照射在距离 10 m 的屏幕上，如图 6–1–6 所示。对近光光束透光面中心高度小于或等于 1 000 mm 的汽车，近光光束明暗截止线转角或中点的垂直方向位置应不高于近光光束透光面中心所在水平面以下 50 mm 的直线，且不低于近光光束透光面中心所在水平面以下 300 mm 的直线；对近光光束透光面中心高度大于 1 000 mm 的汽车，近光光束明暗截止线转角或中点的垂直方向位置应不高于近光光束透光面中心所在水平面以下 100 mm 的直线，且不低于近光光束透光面中心所在水平面以下 350 mm 的直线。汽车前照灯近光光束的明暗截止线

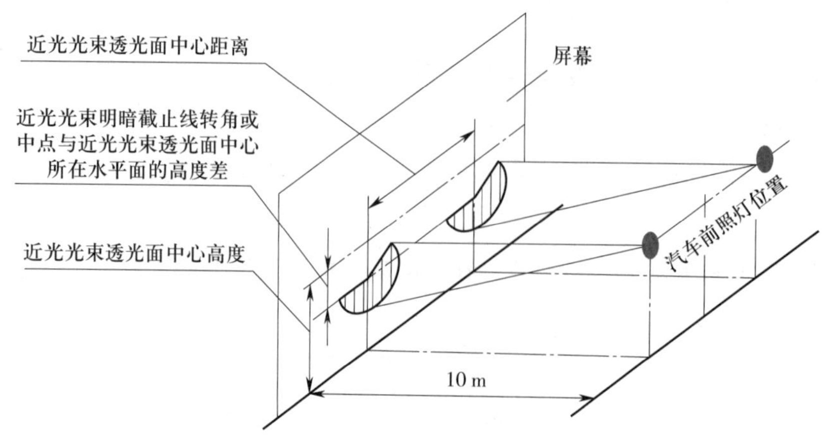

图 6–1–6　汽车前照灯光束位置示意图

转角或中点的水平方向位置，与近光光束透光面中心所在垂直面相比，向左偏移应小于或等于 170 mm，向右偏移应小于或等于 350 mm。

（2）前照灯的远光光束照射位置要求

在空载的状态下，对于能单独调整远光光束的汽车前照灯，前照灯的远光光束照射在距离 10 m 的屏幕上。其发光强度最大点的垂直方向位置，应不高于远光光束的透光面中心所在水平面（高度值为 H）以上 100 mm 的直线，且不低于远光光束透光面中心所在水平面以下 $0.2H$ 的直线。前照灯的远光发光强度最大点的水平位置，与远光光束的透光面中心所在垂直面相比，左前照灯向左偏移应小于或等于 170 mm 且向右偏移应小于或等于 350 mm，右前照灯向左和向右偏移均应小于或等于 350 mm。

3. 前照灯的配光性能要求

前照灯的配光性能应在前照灯的基准中心前 25 m、过 HV 点的垂直配光屏幕上测定，其配光屏幕的布置如图 6-1-7 所示。

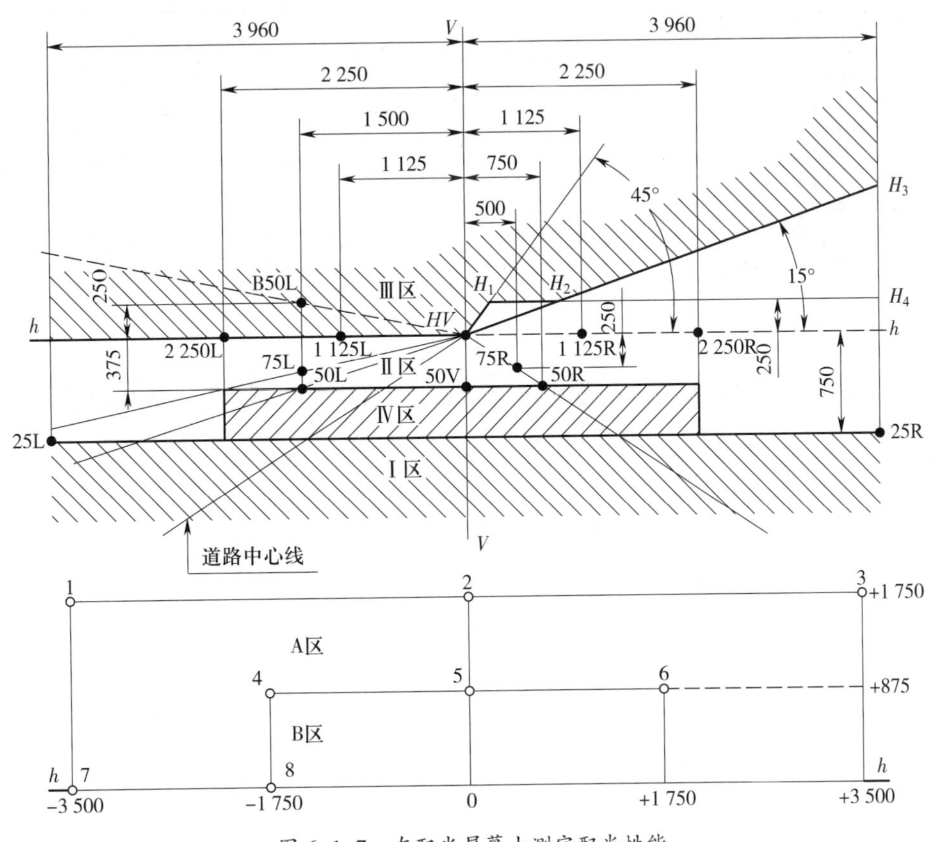

图 6-1-7　在配光屏幕上测定配光性能

（1）近光的配光性能要求

1）在配光屏幕上，近光应产生明显的明暗截止线，其水平线部分位于 $V—V$ 线左侧，右侧为 $HV-H_2-H_3$ 线或 $HV-H_1-H_2-H_3$ 线。明暗截止线的上方为暗区，下方为明区。

2）在配光屏幕上的照度值应符合表 6–1–2 的规定。Ⅲ区尤其是 B50L 处应尽可能暗些，以防对方驾驶员眩目；Ⅳ区代表车前方 25 ~ 50 m 处，是近光照明区，应有足够的照度；Ⅰ区代表车前方 10 ~ 25 m 处，是最亮的区域，为避免与其他区域产生过大的明暗对比，其最大照度有所限制。

表 6–1–2　　前照灯近光照度的要求

测试点或测试区域	A 级前照灯和白炽前照灯 /lx	B 级前照灯和卤钨前照灯 /lx
B50L	≤ 0.3①；≤ 0.4	≤ 0.4
75R	≥ 6	≥ 12
75L	≤ 12①	≤ 12
50L	≤ 15①	≤ 15
50R	≥ 6	≥ 12
50V	—	≥ 6
25L	≥ 1.5	≥ 2
25R	≥ 1.5	≥ 2
Ⅲ区中任何点	≤ 0.7	≤ 0.7
Ⅳ区中任何点	≥ 2	≥ 3
Ⅰ区中任何点	≤ 20	≤ 2 · E_{50R}②

注：①封闭式白炽灯为 0.3，且不包括测试点 75L 和 50L。
② E_{50R} 为 50R 实测照度。

3）对于半封闭式前照灯，在配光屏幕上 A、B 区中，测试点 1 ~ 8 的照度限值应符合如下规定：

①测试点 1+2+3 ≥ 0.3 lx。

②测试点 4+5+6 ≥ 0.6 lx。

③ 0.7 lx ≥测试点 7 ≥ 0.1 lx。

④ 0.7 lx ≥测试点 8 ≥ 0.2 lx。

4）在Ⅰ、Ⅱ、Ⅲ和Ⅳ区域内，应无横向照度变化。

（2）远光的配光性能要求

1）远光在配光屏幕上的照度值应符合表 6–1–3 的规定。

表 6–1–3　　前照灯远光照度的要求

测试点或测试区域	A 级前照灯和白炽前照灯 /lx	B 级前照灯和卤钨前照灯 /lx
最大照度 E_{max}	≥ 32	≥ 48
HV 点	≥ 0.80 E_{max}；≥ 0.90 E_{max}①	≥ 0.80 E_{max}

续表

测试点或测试区域	A 级前照灯和白炽前照灯 /lx	B 级前照灯和卤钨前照灯 /lx
HV 点至 1 125L 和 R	≥ 16	≥ 24
HV 点至 2 250L 和 R	≥ 4	≥ 6

注：① 0.90 E_{max} 适用于白炽前照灯。

2）双光束卤钨前照灯远光最大照度应不大于近光在 75R 点测试照度的 16 倍。

任务 2　汽车前照灯性能的检测

学习目标

1. 熟悉屏幕法检测前照灯光束的步骤。
2. 了解汽车前照灯检测的原理。
3. 掌握前照灯的检测。
4. 熟悉前照灯检测不合格的原因。

检测前照灯性能时，可见距离越远，越能得到准确的测量值。但由于受到场地限制，在用前照灯检测仪测量时，通常采用在前照灯前方 3 m、1 m、0.5 m、0.3 m 的距离进行测量，并将该测量值折算为前照灯前方 10 m 处的照度。

一、屏幕法检测前照灯光束

用屏幕法检测前照灯光束照射位置时，检查用场地应平整，屏幕与地面应垂直，被测车辆应在空载、轮胎气压正常、乘坐 1 名驾驶员的条件下进行。将车辆停放于屏幕前，并与屏幕垂直，使前照灯基准中心距屏幕 10 m 的距离。在屏幕上确定与前照灯基准中心离地面距离 *H* 等高的水平基准线，再以车辆纵向中心平面在屏幕上的投影线为基准确定左右前照灯基准中心位置线，然后分别测量左右远近光束的水平或垂直照射方位的偏移值，如图 6–2–1 所示。图中屏幕上画有三条垂直线（V_L—V_L、V—V、V_R—V_R）和三条水平线（H_1、H_2、H）。中间垂直线 V—V 与被测车辆的纵向中心垂直面对正，两侧的垂直线 V_L—V_L 和 V_R—V_R 分别为被测车辆左右前照灯基准中心的垂直线。三条水平线中的 h—h 线与被测车辆前照灯的基准中心等高，距地面高度为 H；中间水平线与被测车辆前照

灯远光光束的中心等高，距地面高度为 H_1，H_1 为（0.85 ~ 0.90）H；下边水平线与被测车辆前照灯近光光束的中心等高，距地面高度为 H_2，H_2 为（0.60 ~ 0.80）H。H 为被测车辆前照灯基准中心距地面的高度，其值视被测车型而定。

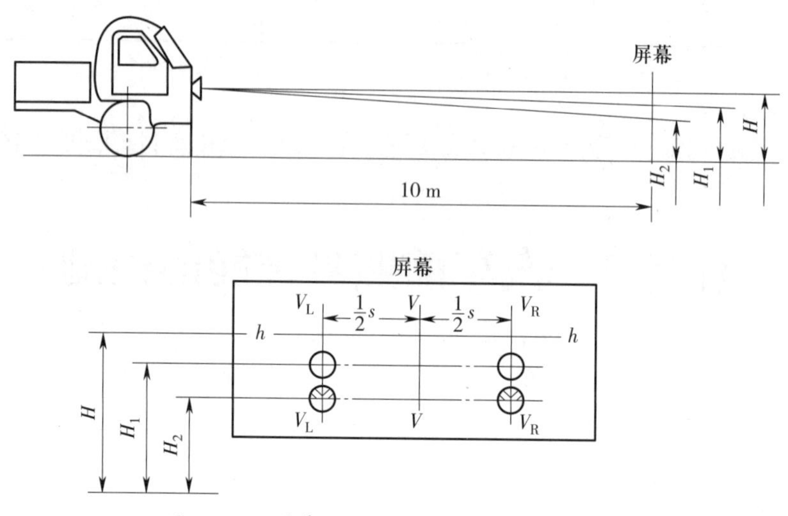

图 6-2-1　屏幕法检测前照灯光束的照射位置

检测时，先遮住一边的前照灯，然后打开前照灯的近光开关，未遮盖的前照灯的近光明暗截止线转角或光束中心应落在由高度为 H_2、$H_2-0.1H$ 的两条水平线及距汽车纵向中心线为 $\frac{1}{2}s+170$ mm、$\frac{1}{2}s-350$ mm 两条垂直线所围成的矩形面积内，否则表明近光光束照射位置偏斜。用同样的方法检测另一前照灯近光光束的照射位置。

对于远光单光束前照灯，则要检测远光光束照射位置，检测方法与近光相同，但其右灯光束中心应落在由高度为 H_1、$H_1-0.1H$ 的两条水平线及距汽车纵向中心线为 $\frac{1}{2}s+350$ mm、$\frac{1}{2}s-350$ mm（对于左前照灯，左为 $\frac{1}{2}s+170$ mm，右为 $\frac{1}{2}s-350$ mm）两条垂直线所围成的矩形面积内，方为合格。

用屏幕法检测前照灯，简单易行，可测远光和近光，但只能检测出光束的偏斜方向和偏斜量，不能检测发光强度，而且为适应不同车型，需经常更换屏幕，检测效率低。

二、汽车前照灯检测的原理

1. 发光强度的检测原理

被照面上的照度可利用光电池的光生伏特效应检测。当被照面上装有光电池时，受光照射后，其光照越强，照度越大，则光电池产生的电动势就越大。因此，测出其电动势就可得到被照面上的照度，实际上也就测出了光源的发光强度。汽车前照灯检测仪一般采用这一原理来检测前照灯的发光强度。

图 6-2-2 所示为发光强度的检测原理，其测量电路由光电池、光度计和可变电阻等

组成。当前照灯按规定的距离照射光电池时，光电池便会按受光强度的大小产生不同的电动势，并在其回路中产生相应的光电流，使光度计指针偏转，经标定后，其指针偏转的大小即可反映前照灯的发光强度。

2. 光轴偏斜量的检测原理

前照灯光轴偏斜量的检测原理如图 6–2–3 所示，其检测电路由两对光电池组成。左右一对光电池 $S_{左}$、$S_{右}$接左右偏斜指示计，用于检测光束中心的左右偏斜量；上下一对光电池 $S_{上}$、$S_{下}$接上下偏斜指示计，用于检测光束中心的上下偏斜量。当光电池受到前照灯光束照射时，如果光束照射方向偏斜，将分别使光电池的受光面不一致，因而产生的电流大小也不一致。光电池产生的电流差值分别使上下偏斜指示计和左右偏斜指示计的指针摆动，从而检测出光轴的偏斜方向和偏斜量。

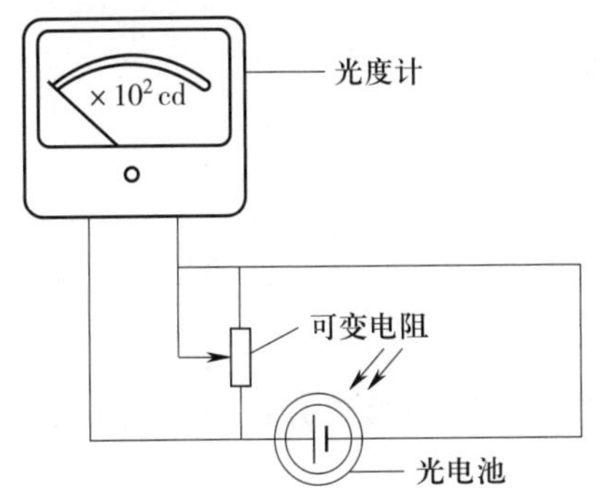

图 6–2–2　发光强度的检测原理

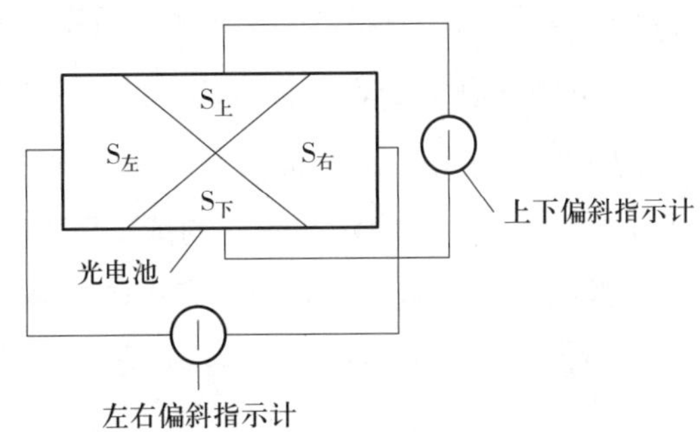

图 6–2–3　光轴偏斜量的检测原理

图 6–2–4 所示为光轴无偏斜时的情况，这时上下偏斜指示计的指针和左右偏斜指示计的指针均垂直向下，即处于零位。图 6–2–5 所示为光轴有偏斜时的情况，这时左右偏斜指示计的指针向“左”偏斜，上下偏斜指示计的指针向“下”偏斜。

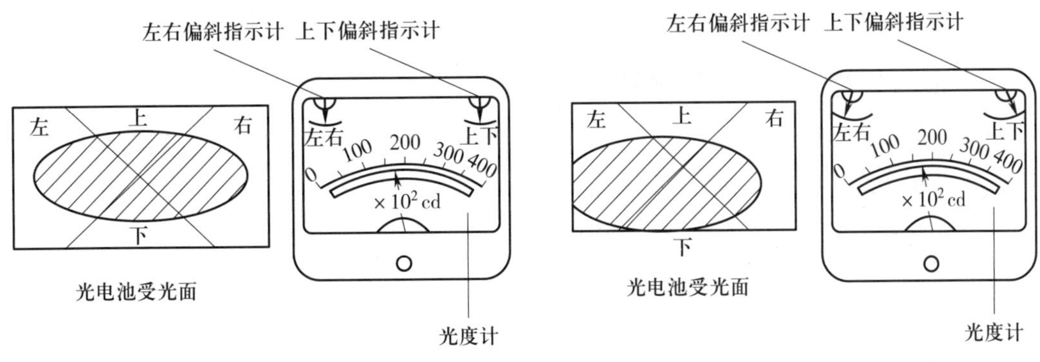

图 6–2–4　光轴无偏斜时的情况　　图 6–2–5　光轴有偏斜时的情况

若通过适当的调节机构调整光线照射光电池的位置，可使 $S_{左}$、$S_{右}$和 $S_{上}$、$S_{下}$每对光电池受到的照度相同，此时每对光电池输出的电流相等，两偏斜指示计的指针均指向零位，其调节量反映了光束中心的偏斜量。当偏斜指示计指针处于零位时，光电池受到的光照最强，四块光电池所输出电流之和表明了前照灯的发光强度。

三、前照灯的检测

机动车前照灯性能检测主要是对前照灯的发光强度和光束照射位置进行检查。前照灯性能检验宜采用前照灯检测仪进行，当对采用前照灯检测仪检测的光束照射位置结果有质疑时，应采用屏幕法进行检验，并以其检验结果为准。

将被测车辆按规定距离与前照灯检测仪对正，从前照灯检测仪的显示屏上分别测量左右远、近光束的水平和垂直照射位置的偏移值。

这种方法是用仪器代替屏幕，缩短了仪器与前照灯之间的距离，常见的距离为 1 m 和 3 m。检测时，前照灯的光束通过仪器透镜和光电元件等，对误差进行修正，折算成 10 m 处的数值进行显示，广泛运用于汽车检测线上。

1. 检测前的准备工作

（1）前照灯检测仪的准备

1）在前照灯检测仪不受光的情况下，检查光度计和光轴偏斜指示计的指针是否对准机械零点。若指针失准，可用零点调整螺钉调整。

2）检查聚光透镜和反射镜的镜面上有无污物。若有，可用柔软的布料或镜头纸等擦拭干净。

3）检查仪器导轨是否沾有泥土等杂物。若有，应清除干净。

（2）被测车辆的准备

1）清除前照灯上的污垢。

2）轮胎气压应符合规定。

3）前照灯开关和变光器应处于良好状态。

4）汽车蓄电池和充电系统应处于良好状态。

2. 前照灯检测仪的检测步骤

（1）车辆沿引导线居中行驶至规定的检测距离处，车辆的纵向轴线应与引导线平行。如不平行，应重新停放车辆，或采用车辆摆正装置进行摆正。

（2）变速器置于空挡，车辆的电源处于充满电状态。

（3）按程序指示器提示开启前照灯远光灯。主控电脑给自动式前照灯检测仪发出启动测量的指令，仪器自动搜寻被测前照灯，并测量其远光发光强度及远光照射位置偏移值。

前照灯远光照射位置偏移值的检测仅对远光光束能单独调整的前照灯进行。远光光束能单独调整的前照灯是指通过手工或使用专用工具能够在不影响近光光束照射角度的情况下调整远光光束照射角度的前照灯。通常情况下，远近光束一体的前照灯其远光光束照射角度不能单独进行调整。

（4）按程序指示器提示，将前照灯转换为近光光束，自动式前照灯检测仪自动检测其近光光束明暗截止线转角（或中点）的照射位置偏移值。

（5）按上述（3）（4）步骤完成车辆所有前照灯的检测。

在对并列的前照灯（四灯制前照灯）进行检测时，应将与被测灯相邻的灯遮蔽。用手动式前照灯检测仪检测时，参照上述方法进行。

（6）检测结束，前照灯检测仪沿轨道或沿地面退回护栏内，将汽车驶出工位。

3. 检测的注意事项

在前照灯检测仪正常的前提下，对前照灯远近光检测影响最大的是车间环境和被测车辆的停车位置。

车间环境主要是指前照灯检测仪在整个行驶轨迹上不得有阳光或外来光的强烈照射，否则会影响仪器自动寻找光源中心，同时也会对检测结果产生较大的影响。

被测车辆的停车位置也会直接关系到检测结果，若位置没有和轨道垂直或没有按要求的距离停车，都会产生找不到光源中心或灯光偏差较大的影响。因此，要求操作人员一定要将车辆垂直于检测仪轨道停放，并按要求及时变换远近光，才能测得较为准确的数据。

四、前照灯检测不合格的原因

前照灯检测不合格有两种情况，一是前照灯发光强度偏低；二是前照灯光束照射位置偏斜。

1. 左右前照灯的发光强度偏低或不一致

（1）检查前照灯反光镜的光泽是否明亮，如昏暗、镀层剥落或发黑应更换。

（2）检查灯泡是否老化，质量是否符合要求。若灯泡老化或质量不符合要求，应更换。

（3）检查蓄电池电压是否符合要求。若电压偏低，应先充足电再检测。仅靠蓄电池供电，前照灯的发光强度一般很难达到规定的标准，检测时发电机应供电。

2. 前照灯光束的照射位置偏斜

前照灯安装位置不当或因强烈振动而错位使光束照射位置偏斜，应予以调整。前照灯光束照射位置偏斜，可利用前照灯检测仪进行调整。先将左右及上下光轴刻度盘旋钮置于所需要调整的方位上，然后调整被测汽车前照灯的安装螺钉，直到左右偏斜指示计及上下偏斜指示计的指针均指向零点。

根据检测标准，在调整光束照射位置时，对远近双光束前照灯以检测调整近光光束为主。使用质量合格的灯泡，近光调整合格后，远光光束一般也能合格；若近光光束调整合格后，经复核远光光束照射方向不合格，则应更换灯泡。

模块七

—— 汽车环保性检测

随着汽车保有量的增加，汽车排放的污染物对大气环境的污染已经构成危害，尤其是对城市人群已经造成了严重的健康威胁。同时，还会损害生态环境，污染河流湖泊，危及野生动植物的生存。因此，检测汽车排放污染物已成为汽车检测项目中极为重要的部分。汽车发动机所排出的污染物成分和浓度与发动机的技术状况密切相关，通过对发动机的污染物排放进行检测，可评价发动机的技术状况，特别是燃料供给系和点火系的技术状况。

任务 1　汽油车污染物排放的评价指标及排放限值

学习目标

1. 了解汽油车污染物排放的成因和危害。
2. 熟悉汽油车污染物排放的影响因素。
3. 熟悉汽油车污染物排放的检测方法。
4. 了解汽油车污染物排放的评价指标和排放限值。
5. 了解汽车尾气的遥感监测。

一、汽油车污染物排放的成因和危害

汽油车排放的污染物主要是一氧化碳（CO）、碳氢化合物（HC）、氮氧化合物（NO_X）及其他一些有害物质。汽油车排放的污染物中，CO、HC、NO_X 和碳烟主要来源于汽车尾气

的排放，少部分来自曲轴箱窜气；部分 HC 还来自油箱和供油系统的蒸发与滴漏。

1. 一氧化碳（CO）的成因和危害

汽车尾气排放的 CO 是由于输送至燃烧室的氧气不足，以致燃油不能充分燃烧造成的（混合气太浓）。尾气中的 CO 浓度（体积分数）一般是由空燃比决定，且基本上是随空燃比变化而变化的。降低尾气中 CO 浓度最好的方法是尽可能提高空燃比（使混合气变稀），使燃油充分燃烧。

CO 是一种无色、无味的有毒气体，它进入人体后极易与血液中的血红蛋白结合。CO 与血红蛋白结合的亲和力是氧的 300 倍，因此，CO 可使血液携带氧的能力降低，从而引起人体缺氧。CO 被人体大量吸入后会使人感觉恶心、头晕及疲劳，严重时会使人窒息死亡。

2. 碳氢化合物（HC）的成因和危害

碳氢化合物是由发动机不完全燃烧的或未燃烧的燃料从燃烧室排出，以 HC 气体形式进入大气而形成的。由于空燃比、气缸压力、气门叠开等因素的影响，也常常产生碳氢化合物。汽车排放污染物中，20%～25% 的碳氢化合物来自曲轴箱窜气，20% 来自燃油的蒸发，其余则由发动机排气管排出。

碳氢化合物只有在浓度相当高的情况下才会对人体产生影响，一般情况下作用不大。但它能引起光化学反应生成光化学氧化剂，且会生成甲醛，形成烟雾，对人的眼、鼻和咽喉黏膜有较强的刺激作用，严重时可致癌。

3. 氮氧化合物（NO_X）的成因和危害

汽车排放的污染物中的 NO_X 是复杂氮氧化合物的总称，主要包括二氧化氮 NO_2 和一氧化氮 NO。尾气中的 NO_X 主要是在高温（1 800 ℃）和高浓度氧气的条件下，氮和氧发生反应而生成的。NO 在刚排出发动机时，毒性较小；排出后的 NO 在空气中几小时后会被氧化为有剧毒的 NO_2。若空气中有强氧化剂如臭氧，则氧化过程将变得迅速。如果发动机的燃烧温度达不到 1 800 ℃以上，N_2 和 O_2 就不会结合成 NO，而是分别从排气系统中排出。因此，减少尾气中 NO_X 含量的最好方法是降低燃烧室内的最高温度或缩短高温的持续时间，另一个可能的方法是降低氧的浓度。

汽车尾气中直接排出的氮氧化物基本上是 NO。NO_2 是一种刺激性很强的污染物，它能刺激人的眼、鼻黏膜，麻痹嗅觉，甚至引起肺气肿；NO_2 还是形成酸雨及光化学烟雾的主要物质之一，对人及植物生长均有不良影响。

在汽油车排放的污染物中，一氧化碳（CO）、碳氢化合物（HC）占主导地位。

二、汽油车污染物排放的影响因素

1. 混合气的浓度

混合气的浓度常以空燃比或过量空气系数表示。空燃比大于 14.8 或过量空气系数大于 1，混合气较稀或过稀；反之，空燃比小于 14.8 或过量空气系数小于 1，则混合气较浓或过浓。空燃比与污染物排放量的关系如图 7-1-1 所示。

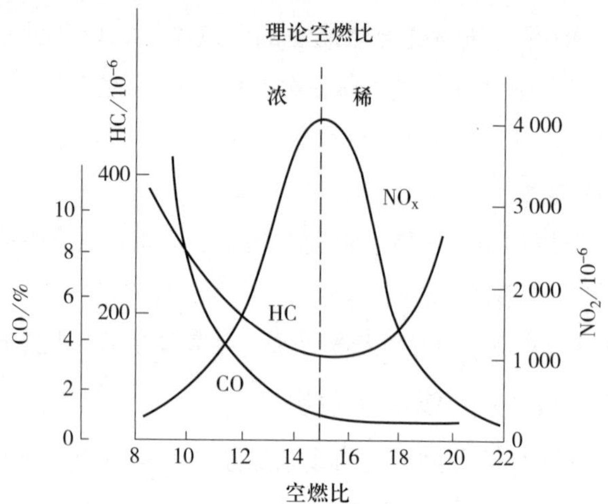

图 7-1-1　空燃比与污染物排放量的关系

对于 HC，当空燃比大于 18 时，由于混合气过稀，易发生火焰不完全传播以致断火，使未燃 HC 排放量迅速增加。

对于 NO_X，混合气很浓时，由于燃烧温度和氧浓度都较低，所以 NO_X 的生成量也较低。混合气过稀，虽然氧浓度增大，但燃烧温度却有所下降，所以 NO_X 增加不多。

对于 CO，空燃比越大，空气越充足，越易完全燃烧，CO 含量减少。

2. 发动机的负荷

发动机的负荷一般由使用工况和车辆装载质量决定。

发动机以怠速、减速行驶等低速小负荷运行时，供油系统所供给的混合气偏浓。此时，发动机工作循环中的气体压力与温度不高，混合气燃烧速度减慢，引起不完全燃烧，CO 增加。而由于气体温度低，气缸中的燃油不能完全燃烧，形成 HC 直接排出，而 NO_X 排出较少。由于上述原因，在怠速工况排放的污染是较严重的。

发动机以大负荷运行时，节气门接近全开，燃烧速度变快，气体压力和温度升高，HC 的生成量减少，而 NO_X 排出增多。

经测定，汽车在不同运转工况下，有害污染物的排放量见表 7-1-1。一般情况下，CO 在怠速工况时的排放量最多，达到 4%～10%；HC 在怠速、减速时较多；NO_X 在加速或等速工况时最多。

3. 发动机的转速

发动机转速升高，气缸内混合气紊流扰动增加，火焰传播速度加快，汽油燃烧比较充分，HC 排放浓度降低。汽车加速运行时，由于要求发动机发出较大的功率，须将气缸内燃气燃烧的温度提高，因此，会产生大量的 NO_X；而且由于短时间内，燃料供给系统会少量供应过量燃油，引起一部分燃料的不完全燃烧，导致 CO 和 HC 排放量均会增加。

表 7-1-1 汽车在不同运转工况下有害污染物的排放量

汽车类型	运转工况	有害污染物的排放量			
		CO/%	HC/10^{-6}	NO_X/10^{-6}	SO_2/10^{-6}
汽油车	怠速	4.0 ~ 1.0	300 ~ 2 000	50 ~ 1 000	0
	加速	0.7 ~ 5.0	300 ~ 800	1 000 ~ 4 000	
	等速	0.5 ~ 4.0	200 ~ 400	1 000 ~ 3 000	
	减速	1.5 ~ 4.5	1 000 ~ 3 000	5 ~ 50	
柴油车	怠速	0	300 ~ 500	50 ~ 70	20 ~ 100
	加速	0 ~ 0.1	200	800 ~ 1 000	
	等速	0	90 ~ 150	200 ~ 1 000	
	减速	0	300 ~ 400	30 ~ 50	

当汽车减速运行时，驾驶员会迅速松开加速踏板，特别是发动机原先以高速运行，一旦急速半闭节气门，在进气管内会产生瞬时的高真空度而吸入过量的燃料，使燃料和空气混合形成浓混合气。与此同时，气缸内的气体压力降低，燃烧温度也降低。由于是不完全燃烧，CO 的生成量会增加，激冷区加大，HC 的生成量也会增加。

发动机怠速时，其转速与排气成分 CO、HC 的浓度也有关系，适当提高怠速的转速，可以降低 CO、HC 的排放浓度。这是由于随着怠速转速的提高，进气节流减小，进入气缸的新气量将增加，残余气体的稀释程度有所减小，使燃烧改善，CO 和 HC 的排放浓度随之降低。

4. 点火提前时间

点火提前时间由节气门开度、发动机转速和汽油质量等决定。如推迟点火提前时间，当接近活塞上止点时点火，则由于排气时间延长、排气温度增高，而此时气缸内容积相应减小，促进了 CO 和 HC 的氧化与激冷面积的减小，HC 的排放量会减少，但 CO 的排放量变化不大。但过于推迟点火提前时间，CO 没有时间完全氧化，CO 排放量将增加。

三、汽油车污染物排放的检测方法

工况法是指将汽车若干常用工况和污染物排放较重的工况结合在一起测量污染物排放的方法。工况法的循环试验模式应根据汽车的排放性能、行驶特点、交通状况、道路条件、车流密度和气候地形等因素，对大量统计数据进行科学分析而制定，以最大限度地重现汽车运行时的排放特性。

汽油车污染物排放的检测方法有双怠速工况法和简易工况法两种。

1. 双怠速工况法

双怠速工况包含怠速和高怠速两个工况。

怠速工况是指汽车发动机最低稳定转速工况。即离合器处于接合位置、变速器处于空挡位置（对于自动变速器的汽车应处于“P”挡或“N”挡）；加速踏板处于完全松开位置。

高怠速工况是指满足怠速工况的条件，用加速踏板将发动机转速稳定控制在规定的高怠速转速下。

双怠速工况法检测具有操作简便、测试时间短、效率高、成本低、测试仪器便于携带等优点，因此双怠速工况法适用于汽车检测机构对在用汽车排放性能的年检测试、环保部门对在用汽车进行的排放监测。

2. 简易工况法

简易工况包含稳态工况、瞬态工况和简易瞬态工况三种。

（1）稳态工况

稳态工况也称加速模拟工况。加速模拟工况是指车辆预热到规定的热状态后，加速至规定车速。根据车辆规定车速时的加速负荷，通过底盘测功机对车辆加载，车辆保持等速运转即为加速模拟工况。

在底盘测功机上的试验运转循环由 ASM5025 和 ASM2540 两个工况组成，如图 7-1-2 所示，其试验运转循环见表 7-1-2。

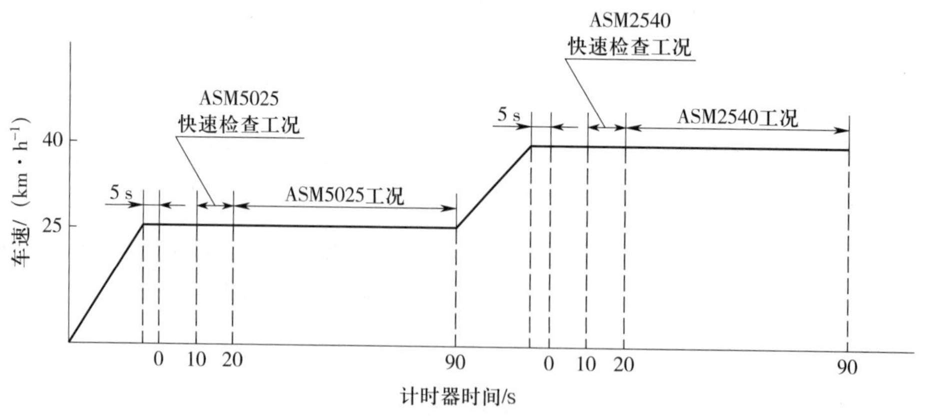

图 7-1-2　加速模拟工况 ASM 试验运转循环

1）ASM5025 工况。经预热后的车辆，在底盘测功机上以 25 km/h 的速度稳定运行，系统根据测试车辆的基准质量自动施加规定的载荷，测试过程中应保持施加的扭矩恒定，车速保持在规定的误差范围内。

表 7-1-2　　加速模拟工况 ASM 试验运转循环表

<table>
<tr><th>工况</th><th>运转次序</th><th>速度 / (km · h⁻¹)</th><th>操作时间 /s</th><th>测试时间 /s</th></tr>
<tr><td rowspan="5">ASM5025</td><td>1</td><td>0 ~ 25</td><td>/</td><td rowspan="2">/</td></tr>
<tr><td>2</td><td>25</td><td>5</td></tr>
<tr><td>3</td><td>25</td><td>10</td><td rowspan="3">90</td></tr>
<tr><td>4</td><td>25</td><td>10</td></tr>
<tr><td>5</td><td>25</td><td>70</td></tr>
<tr><td rowspan="5">ASM2540</td><td>6</td><td>25 ~ 40</td><td>/</td><td rowspan="2">/</td></tr>
<tr><td>7</td><td>40</td><td>5</td></tr>
<tr><td>8</td><td>40</td><td>10</td><td rowspan="3">90</td></tr>
<tr><td>9</td><td>40</td><td>10</td></tr>
<tr><td>10</td><td>40</td><td>70</td></tr>
</table>

2) ASM2540 工况。经预热后的车辆，在底盘测功机上以 40 km/h 的速度稳定运行，系统根据测试车辆的整备质量自动施加规定的载荷，测试过程中应保持施加的扭矩恒定，车速控制在规定的误差范围内。

(2) 瞬态工况

瞬态工况以排放物质量为基础，获取发动机瞬态工况排放数值来检测汽车的实际排放污染水平，称为 IM195。通过采集汽车尾气的排放量，从而得到污染物的排放质量，其测定结果以汽车每行驶 1 km 的排气管排放物质量来表述 (单位为 g/km)，能提供较真实的 CO、HC、NO_X 检测数据。

(3) 简易瞬态工况

简易瞬态工况是一种相对较新的瞬态检测方式，称为 IG195。IG195 测试工况结合了 IM195 和 ASM 的特征，实时测量排放尾气的流量和密度，从而测得车辆排放的污染物质量。IG195 测试过程涵盖车辆怠速、加速、减速、匀速等多种工况，经计算机处理得出车辆每行驶 1 km 每种污染物的排放质量。

四、汽油车排放污染物的评价指标

1. 一氧化碳 (CO)

在采用双怠速工况法和稳态工况法对汽车排放进行检测时，排气中一氧化碳 (CO) 的计量单位为体积分数 (体积浓度)，用“%”来表示；在采用瞬态工况法和简易瞬态工况法对汽车排放进行检测时，排气中一氧化碳 (CO) 的计量单位为质量单位，用

“g/km”来表示。

2. 碳氢化合物（HC）

在采用双怠速工况法和稳态工况法对汽车排放进行检测时，排气中碳氢化合物（HC）的计量单位为体积分数（体积浓度），用“10^{-6}”来表示；在采用瞬态工况法和简易瞬态工况法对汽车排放进行检测时，排气中碳氢化合物（HC）的计量单位为质量单位，用“g/km”来表示。

3. 氮氧化合物（NO_X）

在采用稳态工况法对汽车排放进行检测时，氮氧化合物（NO_X）的计量单位为体积分数（体积浓度），用“10^{-6}”来表示；在采用瞬态工况法和简易瞬态工况法对汽车排放进行检测时，排气中氮氧化合物（NO_X）的计量单位为质量单位，用“g/km”来表示。

4. 过量空气系数

在采用双怠速工况法对汽车排放进行检测时，对于使用闭环控制电子燃油喷射系统和三元催化转化器技术的汽车，应进行过量空气系数的测定。过量空气系数是指燃烧1 kg燃料的实际空气量与理论上所需空气量之质量比。

五、汽油车污染物的排放限值

检测时，单一燃料汽车仅按燃用单一燃料进行排放检测；两用燃料汽车要求使用两种燃料分别进行排放检测。有手动选择行驶模式功能的混合动力电动汽车应切换到最大燃料消耗模式进行测试；如无最大燃料消耗模式，则应切换到混合动力模式进行测试；若测试过程中发动机自动熄火自动切换到纯电模式，无须中止测试，可进行至测试结束。

1. 双怠速工况法

按双怠速工况法进行检测，其检测结果应小于表7–1–3中规定的排放限值。

表7–1–3　双怠速工况法检测排气污染物排放限值

类别	怠速		高怠速	
	CO/%	HC/10^{-6}①	CO/%	HC/10^{-6}①
限值a	0.6	80	0.3	50
限值b	0.4	40	0.3	30

注：①对以天然气为燃料的点燃式发动机汽车，该项目为推荐性要求。

污染物排放检测的同时，应进行过量空气系数的测定。

2. 稳态工况法

按稳态工况法进行检测，其检测结果应小于表 7–1–4 规定的排放限值。

表 7–1–4 稳态工况法检测排气污染物排放限值

类别	ASM5025			ASM2540		
	CO/%	HC/10^{-6}①	NO/10^{-6}	CO/%	HC/10^{-6}①	NO/10^{-6}
限值 a	0.50	90	700	0.40	80	650
限值 b	0.35	47	420	0.30	44	390

注：①对于以天然气为燃料的点燃式发动机汽车，该项目为推荐性要求。

应同时进行过量空气系数的测定。

3. 瞬态工况法

按瞬态工况法进行检测，其检测结果应小于表 7–1–5 规定的排放限值。

表 7–1–5 瞬态工况法检测排气污染物排放限值

类别	CO/（$g \cdot km^{-1}$）	$HC+NO_X$/（$g \cdot km^{-1}$）
限值 a	3.5	1.5
限值 b	2.8	1.2

应同时进行过量空气系数的测定。

4. 简易瞬态工况法

按简易瞬态工况法进行检测，其检测结果应小于表 7–1–6 规定的排放限值。

表 7–1–6 简易瞬态工况法检测排气污染物排放限值

类别	CO/（$g \cdot km^{-1}$）	HC/（$g \cdot km^{-1}$）①	NO_X/（$g \cdot km^{-1}$）
限值 a	8.0	1.6	1.3
限值 b	5.0	1.0	0.7

注：①对于以天然气为燃料的点燃式发动机汽车，该项目为推荐性要求。

应同时进行过量空气系数的测定。

六、汽车尾气的遥感监测

汽车尾气的遥感监测装置通过光源向道路对面的光学反光镜发送紫外线和红外线，光学反光镜会将光束反射到检测器中。汽车在道路上行驶通过这些光束时，由于汽车尾气会吸收光线，从而改变透射光的强度，通过监测检测器中光强的变化，对在道路上行驶的汽车排放的氮氧化物（NO_X）、碳氢化合物（HC）和一氧化碳（CO）的浓度进行监测。汽车尾气遥感监测仪主要对汽车尾气中污染物的相对浓度进行测量，例如 NO/CO_2，HC/CO_2、CO/CO_2 等。之后再依据一定的公式来进行推导和计算，从而得出尾气中各种气体的绝对浓度。汽车尾气的遥感监测可用于分析城市重点污染车型及其主要排放因子，自动筛选和监控高排放车辆。

图 7–1–3 所示为汽车尾气遥感监测装置的原理。汽车尾气遥感监测装置中运用了可调二极管激光器技术，扩大了特定气体浓度检测的量程范围。遥感检测装置易受到特殊天气（如雷雨、大风）的干扰，影响检测结果的准确性。

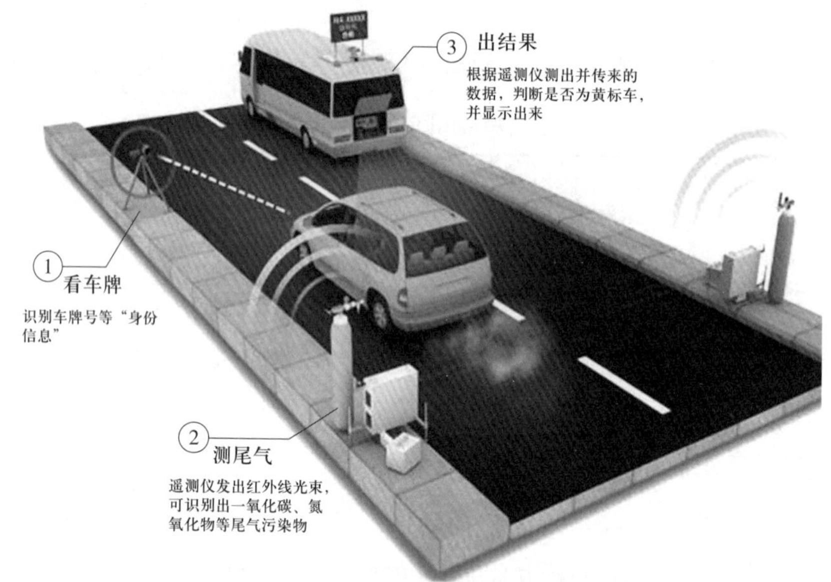

图 7–1–3　汽车尾气遥感监测装置的原理

常见的汽车尾气遥感监测系统有以下三种：

1. 车载移动式遥感监测系统

使用车载移动式遥感监测系统的车辆活动灵活，可在任意场地进行监测。

2. 固定水平式遥感监测系统

固定水平式遥感监测系统通常是路前方有一排龙门架或者 L 形杆，上面装有高清摄像头，路的两侧会有主机，利用“主机发射—接收—反射”系统来完成紫外线、红外线的发射、反射、接收，从而监测尾气，如图 7–1–4 所示。

图 7-1-4　固定水平式遥感监测系统

3. 固定垂直式遥感监测系统

固定垂直式遥感监测系统通常是在路的前方有龙门架，每条车道的龙门架上有遥测主机发射系统，地面上有反射系统，从而监测每一辆经过的车辆，如图 7-1-5 所示。

图 7-1-5　固定垂直式遥感监测系统

任务 2　汽油车污染物排放的检测

学习目标

1. 了解不分光红外线法的检测原理。
2. 熟悉汽油车排放污染物检测前的准备。
3. 掌握汽油车排放污染物的检测和检测结果的判定。

一、不分光红外线法的检测原理

不分光红外线法是基于某些待测气体对特定波长红外辐射能的吸收程度来测定其浓度的。汽车尾气中的 CO、HC、NO 和 CO_2 等气体，都具有能吸收一定波长范围红外线的性质，如图 7-2-1 所示。红外线被吸收的程度与排气浓度之间有一定的函数关系，CO 气体对波长为 4.7 μm 的红外线吸收能力强；HC 气体吸收波长为 3.4 μm 的红外线。因此，只要把尾气分析装置中的红外光源波长分别取为 4.7 μm 或 3.4 μm，即可测出 CO 或 HC 的含量。由此可见，CO、HC 综合测试仪是由两套尾气分析装置组成的：一套红外线波长为 4.7 μm，用于测定 CO 的浓度；另一套红外线波长为 3.4 μm，用于测定 HC 浓度。

用不分光红外线法检测排气污染物就是利用这一原理，根据汽车排气吸收一定波长范围红外线后能量的变化，来检测排气中各种污染物的含量。在各种气体混合情况下，这种检测方法具有测量值相互不受影响的特点。

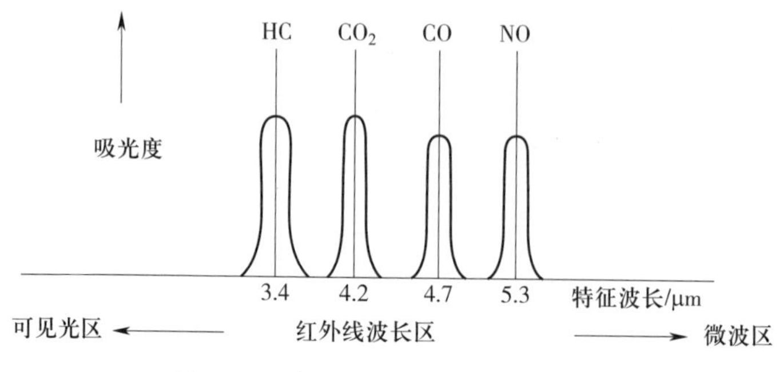

图 7-2-1　四种气体吸收红外线的情况

利用不分光红外线法制成的气体分析仪，根据检测的气体数目分类，可分为单气体分析仪、二气体分析仪、四气体分析仪和五气体分析仪等。单气体分析仪仅能检测 CO 或 HC 或其他一种气体的含量；二气体分析仪能检测 CO 和 HC 这两种气体或其他两种气体的含量；四气体分析仪可检测 CO、CO_2、HC、O_2 四种气体的含量和过量空气系数；五气体分析仪可检测 CO、CO_2、HC、O_2、NO 五种气体的含量和过量空气系数。

在检测 HC 含量时，由于排气中 HC 的成分非常复杂，因此要把各种 HC 成分的浓度换算成正己烷（C_6H_{14}）的浓度作为 HC 浓度的测量值。

二、汽油车排放污染物检测前的准备

1. 被测车辆准备

（1）车辆的机械状况应良好，无影响安全或引起测试偏差的机械故障。

（2）车辆排气系统无泄漏，车辆的发动机、变速器和冷却系统无液体渗漏。

（3）轮胎表面磨损应符合有关标准的规定，轮胎压力应符合规定。

（4）如有需要，可在发动机上安装冷却液或润滑油温度传感器等测试仪器。

（5）应关闭车辆的空调、暖风等装置，对具有牵引力控制功能的车辆，应关闭牵引力控制装置。

（6）进行测试前，车辆动力总成系统的热状态应符合汽车技术条件的规定，并保持稳定。

（7）车辆变速器挡位选择。自动变速器的车辆应使用 D 挡进行测试，手动变速器的车辆应使用二挡进行测试，如果二挡所能达到的最高车速低于 45 km/h，可使用三挡。

（8）车辆驱动轮应置于滚筒上，且必须确保车辆的横向稳定，驱动轮轮胎应干燥防滑。

（9）车辆应限位良好，对前轮驱动的车辆，测试前应使驻车制动起作用。

（10）在测试工况计时过程中，不允许对车辆进行制动。如果车辆被制动，工况起始计时应重新置零（t=0 s）。

2. 燃料准备

应使用符合规定的市售燃料，例如车用汽油、车用天然气、车用液化石油气等。

3. 气体分析仪准备

（1）气体分析仪应在通电后 30 min 内达到稳定，HC、CO、NO 和 CO_2 的量距读数应稳定在误差范围内。

（2）在每次开始检测前 2 min 内，气体分析仪应自动完成零点调整、环境空气测定和对 HC 残留量的检查。

（3）在开始检测前，应对气体分析仪取样系统进行泄漏检查，如未进行泄漏检查或者没有通过泄漏检查，系统应自动锁定，不能进行检测，直到通过检查为止。

（4）每 24 h 应对气体分析仪进行一次低量程标准气体检查。若检查不能通过，则应使用高浓度标准气体进行标定，然后再使用低浓度标准气体进行检查，直到满足要求为止。

4. 底盘测功机准备

（1）底盘测功机预热。底盘测功机开机后，或车速低于 20 km/h 的时间超过 30 min，或停机后再次开机，均应自动进行预热。预热应由系统控制自动进行，如未按规定进行预热，系统应被锁定，不能进行排放检测。

（2）载荷设定。每个工况测试前，应根据输入的车辆参数及测试工况，按规定自动设定加载载荷，载荷准确度应符合要求。

（3）在测试循环开始前应记录环境温度、相对湿度和大气压力。

（4）稳态工况测试中，在任何时刻，如果 CO 与 CO_2 浓度之和小于 6%，或发动机熄火，应终止测试，排放测量结果无效，系统同时应进行相关提示。

三、汽油车排放污染物的检测程序及注意事项

1. 双怠速法检测排放污染物的程序

用双怠速法检测排放污染物时，检测程序如图 7-2-2 所示。

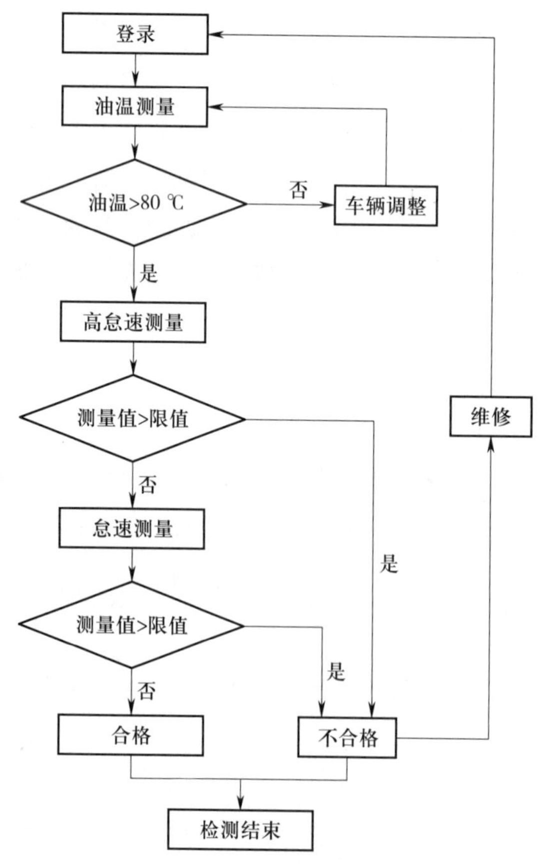

图 7-2-2　双怠速法检测排放污染物的程序

（1）必要时在发动机上安装转速计、点火正时仪、冷却液和润滑油测温计等测量仪器。

（2）发动机从怠速状态加速至 70% 额定转速或暖机转速，运转 30 s 后降至高怠速状态。

（3）将双怠速法排放测试仪取样探头插入排气管中，深度不少于 400 mm，并固定在排气管上，如图 7–2–3 所示。

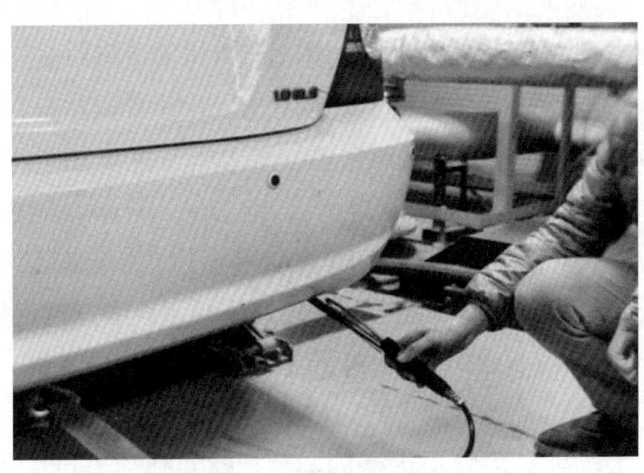

图 7–2–3　将取样探头插入排气管

（4）维持 15 s 后，由具有平均值计算功能的双怠速法排放测试仪读取 30 s 内的平均值，该值即为高怠速污染物测量结果。对使用闭环控制电子燃油喷射系统和三元催化转化技术的汽车，还应同时计算过量空气系数的数值。

（5）发动机从高怠速降至怠速状态 15 s 后，由具有平均值计算功能的双怠速法排放测试仪读取 30 s 内的平均值，该值即为怠速污染物测量结果。

（6）在测试过程中，如果任何时刻 CO 与 CO_2 的浓度之和小于 6.0%，或发动机熄火，应终止测试，排放测量结果无效，需重新测试。

（7）对多排气管车辆，应取各排气管测量结果的算术平均值作为测量结果。若车辆排气系统设计导致车辆的排气管长度小于测量深度时，应使用排气延长管。

（8）测量结束后，把取样探头从排气管里抽出来，让它吸入新鲜空气 5 min，待仪器指针回到零点后再关闭电源。

2. 稳态工况法检测排放污染物的程序

将车辆驱动轮置于底盘测功机滚筒上，将气体分析仪取样探头插入排气管中，插入深度至少为 400 mm，并固定于排气管上。对独立工作的多排气管应同时取样。

（1）ASM5025 工况

车辆预热后，加速至 25.0 km/h，底盘测功机根据车辆基准质量自动进行加载，驾驶员控制车辆保持在（25.0 ± 2.0）km/h 等速运转，维持 5 s 后，工况计时器自动开始计时（t=0 s）。

ASM5025 工况开始计时 10 s 后（t=10 s），进入快速检查工况，气体分析仪开始采样，每秒测量一次，并根据稀释修正系数和湿度修正系数计算 10 s 内的排放平均值，运行 10 s（t=20 s）后，ASM5025 快速检查工况结束，进行快速检查判定。如果被测车辆未通过快速检查，则车辆继续运行至计时器 90 s（t=90 s），ASM5025 工况结束，这期间车速应控制在（25.0 ± 2.0）km/h。

在 0~90 s 的测量过程中，如果任意连续 10 s 内的车速变化相对于第 1 s 小于 ± 1.0 km/h，则测试结果有效。快速检查工况 10 s 内的排放平均值经修正后如果等于或低于排放限值的 50%，则测试合格，排放检测结束，输出检测结果报告；否则应继续进行完成整个 ASM5025 工况的检测。如果所有检测污染物连续 10 s 的平均值经修正后均不大于标准规定的限值，则该车应被判定为 ASM5025 工况合格，排放检验合格，打印检验合格报告。如任何一种污染物连续 10 s 内的排放平均值修正后超过限值，则应继续进行 ASM2540 工况检测；在检测过程中如果任何一种污染物任意连续 10 s 内的排放平均值经修正后均高于限值的 500%，则测试不合格，输出检测结果报告，检测结束。

（2）ASM2540 工况

对于 ASM5025 工况排放检验不合格的车辆，需要继续进行 ASM2540 工况排放检验。被测车辆在 ASM5025 工况结束后应立即加速运行至 40.0 km/h，测功机根据车辆整备质量自动加载，车辆保持在（40.0 ± 2.0）km/h 范围内等速运转，维持 5 s 后开始计时（t=0 s）。

ASM2540 工况计时开始 10 s 后（t=10 s），进入快速检查工况，气体分析仪器开始测量，每秒钟测量一次，并根据稀释修正系数及湿度修正系数计算 10 s 内的排放平均值，运行 10 s（t=20 s）后，ASM2540 快速检查工况结束，进行快速检查判定。如果被测车辆未通过快速检查，则车辆继续运行至计时器 90 s（t=90 s），ASM2540 工况结束，这期间车速应控制在（40.0 ± 2.0）km/h 内。

在 0~90 s 的测量过程中，如果任意连续 10 s 内的车速变化相对于第 1 s 小于 ± 1.0 km/h，则测试结果有效。快速检查工况 10 s 内的排放平均值经修正后如果等于或低于排放限值的 50%，则测试合格，排放检测结束，输出检测结果报告；否则应继续进行至 90 s 工况。如果所有检测污染物连续 10 s 的平均值经修正后均不大于标准规定的限值，则该车应被判定为排放检验合格，排放检测结束，打印排放检验合格报告。如任何一种污染物连续 10 s 内的排放平均值经修正后超过限值，则车辆排放检测结果不合格，继续进行到本工况检测结束，输出不合格检验报告。在检测过程中如果任何一种污染物任意连续 10 s 内的排放平均值经修正后均高于限值的 500%，则测试不合格，检测结束。

3. 瞬态工况法和简易瞬态工况法检测排放污染物的程序

（1）启动发动机

1）按照制造厂使用说明书的规定，启动发动机。如果排放测试前，被测车辆的发动机处于关机状态，试验前应尽早启动发动机，在进行瞬态排放测试前，发动机至少已连续运转 30 s 以上。

2）发动机保持怠速运转 40 s，在 40 s 终了时刻开始进行排放测试循环，同时开始排气取样。

3）排放测试期间，检验员应该根据驾驶员引导装置上显示的速度 – 时间曲线轨迹规定的速度和换挡时刻驾驶车辆。图 7–2–4 所示为简易瞬态工况测试系统。

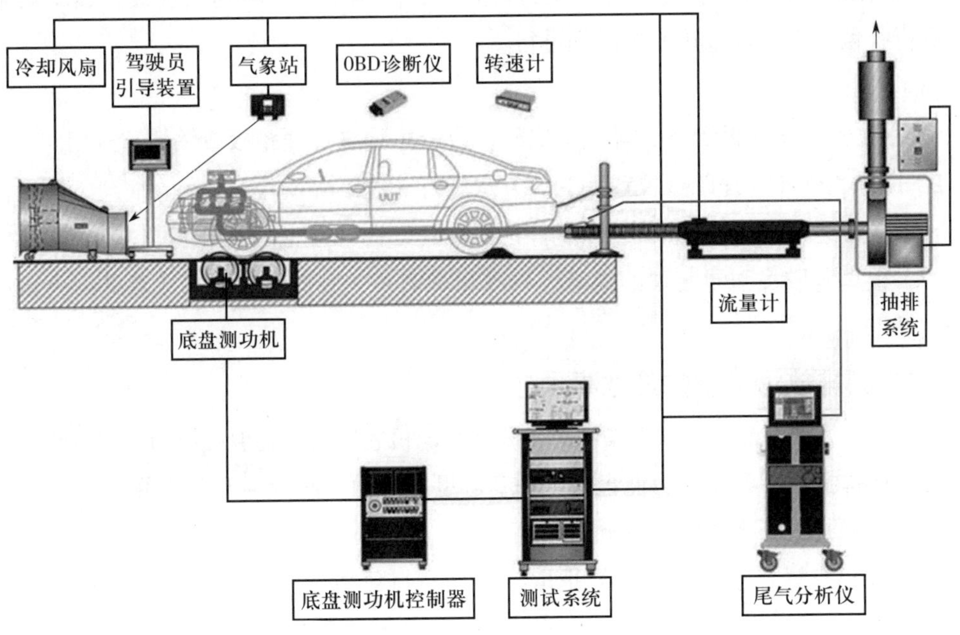

图 7–2–4　简易瞬态工况测试系统

（2）怠速

1）手动或半自动变速器

①怠速期间，离合器应接合，变速器置于空挡位置。

②为保证车辆能够按规定循环加速，在驾驶循环每个怠速的后期，即加速开始前 5 s，断开离合器，变速器置于一挡。

2）自动变速器

选择好挡位后，除在规定时间内不能完成加速过程的情况，或选择器可以使用超速挡以外，排放测试期间，不得再操作挡位选择器。

（3）加速

1）在加速工况中，应尽可能地保持加速度恒定。

2）当在规定时间内未能完成加速过程时，如果可能，所需的额外时间可从工况改变的复合公差允许时间中扣除。否则，应该从下一等速工况的时间段内扣除。

3）使用自动变速器的车辆，如果在规定时间内不能完成加速过程，应按手动变速器的要求，操作挡位选择器。

（4）减速

1）在所有减速工况时间内，应完全松开加速踏板，离合器接合，当车速降到10 km/h 时，断开离合器，整个减速过程中，不得操作挡位选择器。

2）如果减速时间比相应工况规定的时间长，则允许使用车辆制动器，使循环按规定的时间进行。

3）如果减速时间比相应工况规定的时间短，应由下一个等速工况或怠速工况中的时间进行补偿，使循环按规定的时间进行。

（5）等速

1）从加速工况过渡到下一等速工况时，应避免猛踏加速踏板或关闭节气门。

2）应采用保持加速踏板位置不变的方法进行等速工况试验。

（6）当车速降低到 0 km/h 时（车辆停止在转鼓上），变速器应置于空挡，离合器接合。

（7）根据驾驶员引导装置的提示，将被测车辆开下底盘测功机，或者继续进行后续的测试。

4. 检测排放污染物的注意事项

（1）检测汽油车怠速排放污染物时，要把发动机怠速转速和温度控制在规定范围内。

（2）取样探头、导管分为低含量用和高含量用两种，两者要分别使用。

（3）检测时导管不要发生弯折现象。

（4）多部车辆连续检测时，要把取样探头从排气管里抽出并待仪表指针回到零点后，再进行下一部车的检测。

（5）不要在有油或有有机溶剂的地方进行检测。

（6）要注意检测地点应及时通风换气，以防人员中毒。

（7）检测结束后，要立即把取样探头从排气管里抽出来。

（8）取样探头不用时要竖直吊挂，不要平放，以防管内的积水腐蚀取样探头。

（9）气体分析仪不要放置在湿度大、温度变化大、振动大或倾斜的地方。

（10）气体分析仪要定期维护，以确保工作精度。

（11）校准用的标准气样是有毒的，要注意保管。

（12）如果需人工记录和校正数据，则应在测试开始前记录环境温度、相对湿度和大气压力等。

四、汽油车排放污染物检测结果的判定

1. 检测结果中任何一项污染物不满足限值要求，则判定车辆排放检验结果不合格。
2. 如果过量空气系数超出规定的控制范围，也判定车辆排放检验结果不合格。
3. 检测完毕，应签发机动车环保检验报告。

任务 3　柴油车污染物排放的评价指标及排放限值

学习目标

1. 了解柴油车污染物排放的成因。
2. 熟悉影响柴油机碳烟排放的因素和危害。
3. 熟悉柴油车污染物排放的控制措施。
4. 熟悉柴油车污染物排放的排放标准。

一、柴油车污染物排放的成因

车用柴油机使用轻柴油作为燃料，排出的尾气可分为有害成分和无害成分两类。无害成分有二氧化碳（CO_2）、水蒸气（H_2O）、氮（N_2）等；有害成分有一氧化碳（CO）、碳氢化合物（HC）、氮氧化物（NO_X）、二氧化硫（SO_2）、三氧化硫（SO_3）和微粒物质等。

1. 一氧化碳（CO）的成因

柴油机排放的 CO 主要源于混合气中过浓部分的不完全燃烧。只有在高压油管内燃油波动造成的二次喷射和喷油器滴油等不正常喷射的情况下，才会出现较高的 CO 排放值。

2. 碳氢化合物（HC）的成因

在柴油机稳定运转的条件下，HC 的排放主要由下述两个原因引起：

（1）滞燃期中，处于喷油前缘的极稀混合气，其浓度远低于燃烧极限而无法着火。其中的一部分混合气，在后续过程中，避开了缸内燃烧而被排出。滞燃期越长，滞燃期中的喷油量越多，过分稀释的混合气也越多，HC 排放也就相应增多。

（2）喷油过程中，由于混合气混合不良导致 HC 增多，最主要的情况是燃油的喷射期过长。

总之，柴油机低负荷时，混合气更稀，缸内温度低，HC 排放量随负荷减小而上升。

3. 氮氧化物（NO_X）的成因

和汽油机一样，生成 NO_X 需要的条件是高温、富氧和较长作用时间。但由于柴油机在着火燃烧方面的特性，NO_X 排放占柴油机总排放量的比例较汽油机大。

在燃烧过程中，产生 NO_X 的区段有滞燃期的稀燃火焰区和缓燃期的扩散燃烧区。降低这两个时期燃烧过程中的喷油率、减缓混合气形成的速度、推迟或拉长整个喷油时间、缩短滞燃期，都可以抑制 NO_X 的过量产生。但这样做必然拉长或推迟燃烧过程，造成燃油消耗率的上升和微粒、碳烟排放量的增加。柴油机 NO_X 排放量随负荷的减少，即混合气浓度的变稀、温度的下降而下降。

汽油机由于采用了电控汽油喷射和三元催化转化装置，在一定程度上限制了氧的浓度，使汽油机的 NO_X 排放可以降到能接受的水平。而柴油机由于其着火燃烧和调节方法上的问题，控制 NO_X 的技术还未达到汽油机的水平，以致 NO_X 排放成为柴油机急需解决的主要排放物之一。

4. 微粒和碳烟的成因

柴油车的微粒排放量比汽油车多几十倍。一般认为混合气越浓，其中碳成分就越多。柴油在喷射时，混合气浓度由心部的极浓到前缘的极稀，即使在与空气混合后也会由于浓稀不均而在较浓区域产生自由碳。研究表明，柴油机微粒和碳烟主要形成于缓燃期的扩散燃烧区和后燃期。

二、影响柴油机碳烟排放的因素和危害

1. 影响柴油机碳烟排放的因素

（1）燃料

燃料的十六烷值较高时，因其稳定性差，在燃烧过程中易于裂解，故有较大的排烟倾向。

（2）喷油

提前喷油可使着火备燃期延长，因此喷油量较多，使循环温度升高，燃烧过程结束较早，排烟可降低。滞后喷油时，喷油发生在最小着火备燃期之后，这时扩散火焰大部分发生在膨胀行程中，火焰温度较低，燃油高温裂解的条件差，碳烟减少。

（3）转速

对直喷式柴油机，排烟随转速的提高而稍有增加。因为转速提高，易使混合气来不及形成与燃烧。

（4）负荷

排烟随负荷的增加而增加。负荷增加时，喷油量增加，燃烧温度提高，易生成碳烟。

2. 碳烟的危害

柴油机排出的主要微粒为碳物质（碳烟）和高分子量的有机物（润滑油的氧化和裂解产物），其直径为 0.1 ~ 10 μm。碳烟是柴油不完全燃烧的产物，它是由较小直径的多孔性碳粒构成的。

微粒中对人体和大气环境危害最大的是 2.5 μm 左右的微粒，悬浮于离地面 1 ~ 2 m

高的空气中，容易被人体吸入。这些微粒上往往还吸附着有机污染物、重金属元素和一些致癌物质，吸入人体后会沉积到肺部，严重危害人体健康。

三、柴油车污染物排放的控制措施

1. 柴油机燃烧过程的改进

柴油机燃烧过程中产生的 NO_X 是在燃烧温度大于 2 000 ℃，缸内氧气充足的条件下生成的；微粒是在燃烧温度高于 1 000 ℃，缸内氧气不充足的条件下形成的。将柴油机在预燃阶段可燃混合气量减少到最小限度，降低燃烧温度，从而降低 NO_X 排放；通过在扩散燃烧阶段保持良好的燃油和空气的混合以及较高的燃烧温度来降低微粒排放物。为了实现上述控制目标，柴油机普遍采用高压喷射、引导喷射、电控喷射、废气再循环、直接喷射等措施。

2. 柴油机排气后处理

排气后处理可避免燃烧产生的尾气直接排放到大气中，通过对碳烟等微粒的捕集或者通过催化转化的方法处理尾气，可以使尾气中有害成分的含量进一步降低。

（1）微粒捕集

微粒捕集基本上依靠在柴油机排气端安装微粒过滤器来实现。根据材质不同，过滤器可分为陶瓷过滤器和一次性纸质过滤器。陶瓷过滤器通常加工成蜂窝状，当排气通过时，碳颗粒就被堵在进口通道的壁面上，过滤效率可达 90% 以上，但是在使用过程中需要定期清除过滤器中的微粒，否则会增大排气的背压，影响柴油机的性能。一次性纸质过滤器一般是折成褶状的滤筒，过滤效率接近 100%，由于纸质滤芯的使用温度通常在 120 ℃以下，因此这种过滤器需要安装随车的冷却装置。

（2）催化转化法

催化转化法是使尾气中的 NO_X 在 300～400 ℃的温度下，以氨或尿素为还原剂，在反应器中将 NO_X 还原为 N_2 和 O_2。利用催化转化法可使尾气中的 NO_X 含量降低 95%。这是有效控制 NO_X 排放的方法，缺点是设备成本高、体积大，并且需要较高的维护费用。

3. 提升燃油的品质

随着经济水平的不断提升和环保意识的不断加强，推行使用更高标准的燃油成为可能，为治理柴油机尾气排放打下了坚实的基础。

四、柴油车污染物排放的排放标准

我国柴油车污染物排放限值实施的国家标准主要有《柴油车污染物排放限值及测量方法（自由加速法及加载减速法）》（GB 3847—2018）、《轻型汽车污染物排放限值及测量方法（中国第六阶段）》（GB 18352.6—2016）。

任务 4　柴油车污染物排放的检测

学习目标

1. 了解烟度计的结构和使用。
2. 熟悉柴油车的外观检验。
3. 掌握柴油车自由加速法、加载减速法检测和检测结果的判定。

根据国家标准《柴油车污染物排放限值及测量方法（自由加速法及加载减速法）》（GB 3847—2018）规定，对于柴油发动机汽车，选用自由加速烟度法和加载减速法检测排气烟度。

一、烟度计的结构和使用

柴油车排烟的多少用烟度来表征。烟度计主要有滤纸式烟度计和不透光式烟度计两种。

1. 滤纸式烟度计

滤纸式烟度计有手动、半自动和全自动三种类型。滤纸式烟度计具有结构简单、调整方便、使用可靠、测量精度较高等优点，但滤纸式烟度计只能对尾气做抽样试验，不能做连续测量。

2. 不透光式烟度计

不透光式烟度计是根据光在排气中被烟气消减的程度来测量烟度的仪器。不透光式烟度计可分为全流式和分流式两类。全流式不透光式烟度计通过测量全部排气的透光衰减率来检测烟度；分流式不透光式烟度计则通过测量由取样管引入部分烟气的透光衰减率来检测烟度。

不透光式烟度计主要由测量单元、控制单元、取样探头、连接电缆等组成，如图 7-4-1 所示。

不透光式烟度计可以对柴油车排烟进行连续测量，可以按排放法规的要求进行稳态和非稳态工况下的烟度测量，在低烟度时也有较高的分辨率，可以用来研究柴油机瞬态碳烟的排放特性。

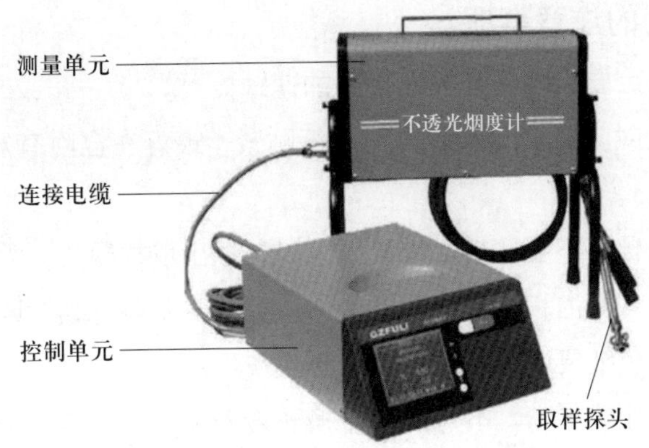

图 7-4-1　不透光式烟度计的组成

3. 烟度计的使用

（1）烟度计使用前的准备

1）给烟度计接通电源，预热 5 min。

2）接通空气压缩机的电源，使压缩空气达到规定的压力。

3）启动发动机，预热至规定温度。

4）在测量装置上，放上标准色纸，用仪表旋钮把指示仪表指针调到标准色纸的污染度数值刻线上。

5）把新滤纸放入取样装置（在吸气泵中有专用插口）。

6）将吸气泵活塞压缩进去，固定在预备吸气位置。

7）把取样探头插入排气管内（约 20 cm），用夹紧螺栓固定稳妥。

（2）烟度测量步骤

1）踩下加速踏板使发动机急加速 2～3 次，把积存在排气管内的炭渣吹掉。

2）使发动机怠速运转 5～6 s，在此期间，进行如下工作：

①用压缩空气吹洗取样探头、导管 3～4 s。

②把踏板开关装到加速踏板上。

3）通过踏板开关，把加速踏板一踩到底，并维持 4 s。

4）松开加速踏板，并维持 11 s，在此期间进行如下操作：

①更换新滤纸。

②用压缩空气吹洗取样探头、导管 3～4 s。

③把吸气泵活塞压缩到准备吸气位置。

④把步骤 3）和 4）重复操作 3 次。

⑤将已吸附黑烟的 3 片滤纸，分别放到污染度测量台座上，把污染度测量装置对准各片滤纸污染面，读取仪表指示值。

⑥用 3 片滤纸污染度计算平均值，作为实际污染度值。

4. 烟度计使用的注意事项

（1）检测时，一定要将踏板开关安装到加速踏板上。

（2）检测污染度时，要使测量装置与滤纸贴紧（最好在已附有炭粒的滤纸下面，垫上十几张空白滤纸）。

（3）取样探头、导管不要弯折。测量结束时，抽出取样探头，并罩好取样探头盖。

（4）测量装置内有灯泡和半导体光电元件，存放时要避免强光照射和防止振动。

（5）滤纸和标准色纸要避免阳光暴晒，防止灰尘污染。

（6）导管长度规定为 5 m，不得随意更换长度不合适的导管。导管过短，滤纸上的炭粒会增多；导管过长，滤纸上的炭粒会相对减少。导管过长或过短都会影响测量的精度。

二、柴油车外观检验

1. 检查被测车辆的车况是否正常。

2. 检查车辆是否存在烧机油或者严重冒黑烟现象。

3. 检查发动机排气管、排气消声器和排气后处理装置的外观及安装、紧固部位是否完好。

4. 检查车辆是否配置有 OBD 系统。

5. 判断车辆是否适合进行加载减速法检测，如不适合，应标注。进行加载减速法检测的，应确认车辆轮胎表面无夹杂异物。

三、柴油车自由加速法检测

自由加速工况是指柴油机处于怠速工况（发动机运转；离合器处于接合位置；加速踏板处于松开位置；变速器处于空挡位置；具有排气制动装置的发动机，蝶形阀处于全开位置），将加速踏板迅速踏到底，维持 4 s 后松开。

1. 自由加速法的仪器准备

（1）仪器的校准

1）未接通电源时，先检查指示表指针是否在机械零点上，否则用零点调整螺钉使指针与“0”刻度重合。

2）接通电源，仪器进行预热，然后打开测量开关，在光电传感器下垫上 10 张洁白滤纸，调节粗调电位器和细调电位器，使表头指针与“0”刻度重合。

3）在 10 张洁白滤纸上放上标准烟样，将光电传感器对准标准烟样中心，垂直放置在其上方。此时，表头指针应指在标准烟样所代表的染黑度数值上，否则应调节仪器后面板上的小型电位器。

（2）检查取样装置和控制装置中各机件的工作情况，特别要检查脚踏开关与活塞抽气泵动作是否同步。

（3）检查控制用压缩空气和清洗用压缩空气的压力是否符合要求。

（4）检查滤纸进给机构的工作情况是否正常。

（5）检查滤纸是否合格，应洁白无污。

2. 自由加速法的车辆准备

（1）车辆在不进行预处理的情况下也可以进行自由加速烟度试验，但出于安全考虑，试验前应确保发动机处于热状态，并且机械状态良好。

（2）发动机应充分预热，在发动机机油标尺孔位置测得的机油温度至少为 80 ℃。当由于车辆结构限制无法进行温度测量时，可以通过其他方法判断发动机温度是否处于正常运转温度范围内。

（3）在正式进行排放测量前，应采用 3 次自由加速过程或其他等效方法清洁排气系统，以清除排气系统中残留的污染物。

3. 自由加速法的检测方法

（1）通过目测进行车辆排气系统相关部件的泄漏检查。

（2）发动机（包括废气涡轮增压发动机）在每个自由加速循环的开始点均处于怠速状态，对重型车用发动机，将加速踏板放开后至少等待 10 s。

（3）在进行自由加速测量时，必须在 1 s 内，将加速踏板连续完全踩到底，使供油系统在最短时间内达到最大供油量。

（4）在进行自由加速测量时，在松开加速踏板前，发动机必须达到断油转速。对使用自动变速器的车辆，应达到发动机额定转速（如果无法达到，应不小于额定转速的 2/3）。

在测量过程中应监测发动机转速，检查是否符合试验要求，并将发动机转速数据实时记录并上报。

（5）取最后 3 次自由加速烟度测量结果的算术平均值作为最终的检测结果。

（6）在被染黑的滤纸上记下试验序号、试验工况和试验日期等，以便保存。

（7）检测结束，及时关闭电源和气源。

4. 自由加速法的检测软件要求

检测系统软件要能与计算机进行数据传输、存储和判断，可自动打印检验报告，具有联网和自动报送功能。

5. 自由加速法检测的注意事项

（1）取样软管的内径和长度均有规定，不能随意用其他型号的管子代替。

（2）指示装置不用时，应把测量开关转到关的位置，以免在移动或运输时损坏指示电表。

（3）指示装置应避开有振动和湿度大的地方。

（4）不要将滤纸和校准用标准烟样放置在阳光下暴晒或灰尘多的地方。

（5）标准烟样必须在有效期内使用。

四、柴油车加载减速法检测

测试设备主要包括底盘测功机、不透光式烟度计、氮氧化物分析仪和发动机转速传感器等，由中央控制系统集中控制。

柴油车加载减速法进行排放检测由三部分组成：第一部分是对车辆进行预先检查，检查待检车辆身份与车辆行驶证是否一致，以及进行排放的安全性检测；第二部分是检查检测系统和车辆状况是否适合进行检测；第三部分是进行排放检测，由主控计算机系统控制自动进行排放检测，以保证检测过程的一致性和检测结果的可靠性。

1. 预先检查

（1）待检车辆完成检测登记后，检测员应将车辆驾驶到底盘测功机前等待检测，并进行车辆的预先检查。预先检查的目的是核实待检车辆和车辆行驶证是否相符，并评价车辆的状况是否能够进行加载减速检测，按规定的程序进行预先检查。

（2）在将车辆驶上底盘测功机前，检测员还应对待检车辆进行以下调整：

1）中断车上所有主动型制动功能和扭矩控制功能（自动缓速器除外），例如中断制动防抱死系统（ABS）、电子稳定程序（ESP）等。对无法中断车上主动型制动功能和扭矩控制功能的车辆，可采用自由加速法进行排放检测。

2）关闭车上所有以发动机为动力的附加设备，如空调系统，并切断其动力传递机构。

（3）除检测员外，待检车辆不能载客，也不能装载货物，不得有附加的动力装置。必要时，可以用测试驱动桥质量的方法来判断底盘测功机是否能够承受待检车辆驱动桥的质量。

（4）在检测准备工作中，应特别注意以下事项：

1）对非全时四轮驱动车辆应根据车辆的驱动类型选择驱动方式。

2）对紧密型多驱动轴的车辆，或全时四轮驱动车辆等，不能进行加载减速检测，应进行自由加速检测。

（5）对预检不合格或者存在故障的车辆，维修合格后才能进行检测。

2. 检查加载减速法的检测系统

（1）检测系统检查的目的是判断底盘测功机是否能够满足待检车辆的功率要求，同时检查检测系统的工作状态是否正常。

（2）如果待检车辆通过了规定的预检程序，检测员应按以下步骤将待检车辆驾驶到底盘测功机上：

1）举起底盘测功机升降板，并检查是否已将转鼓牢固锁止。

2）将车辆驾驶到底盘测功机上，并将驱动轮置于转鼓中央位置。

注意：除底盘测功机允许双向操作外，一定要按底盘测功机的规定方向驶入，否则有可能损坏底盘测功机。当驱动轮位于转鼓鼓面上时，严禁使用倒挡。

3）放下底盘测功机升降板，松开转鼓制动器。待完全放下升降板后，缓慢驾驶使待检车辆的车轮与试验转鼓完全吻合。

4）轻踩制动踏板使车轮停止转动，发动机熄火。

5）按照底盘测功机使用说明将待检车辆的非驱动轮楔住，固定车辆安全限位装置。对前轮驱动的车辆，应有防侧滑措施。

6）应为待检车辆配备辅助冷却风扇，掀开机动车的动力仓盖板，保证冷却空气流通顺畅，以防止发动机过热。

3. 加载减速法的试验准备

（1）安装好发动机转速传感器，测量发动机曲轴转速。

（2）选择合适的挡位，使加速踏板在最大位置时，待检车辆的最高车速最接近70 km/h。

（3）由主控计算机判断底盘测功机是否能够吸收待检车辆的最大功率，如果车辆的最大功率超过了底盘测功机的功率吸收范围，不能在该底盘测功机上进行加载减速检测。

4. 加载减速法的排放检测

如果待检车辆通过了上述检测，应继续进行以下检测。

（1）试验前的最后检查和准备

1）在开始检测前，检测员应检查试验通信系统工作是否正常。

2）在车辆散热器前方1 m左右处放置冷风机，以保证车辆在检测过程中发动机冷却系统能有效地工作。

3）车辆安置到位，将测功机举升机放下后，应对车辆进行低速运行检测，确保车辆运行处于稳定状态。

4）发动机应充分预热，例如在发动机机油标尺孔位置测得的机油温度应至少为80 ℃。因车辆结构无法进行温度测量时，可以通过其他方法使发动机处于正常运转温度。若传动系统处于冷车状态，应在测功机无加载状态下低中速运行车辆，使车辆的传动部件达到正常工作温度。

5）发动机熄火，变速器置于空挡，将不透光烟度计的取样探头置于大气中，检查不透光式烟度计的零刻度和满刻度。检查完毕，将取样探头插入待检车辆的排气管中。

不应使用截面尺寸太大的取样探头，以免对待检车辆的排气背压影响过大，影响输出功率。在检测过程中，应将采样气体的温度和压力控制在规定的范围内，必要时可对取样管进行适当冷却，但要注意不能使测量室内出现冷凝现象。

（2）试验步骤

1）正式检测开始前，检测员应按以下步骤操作，使控制系统能够获得自动检测所需的初始数据：

①启动发动机，变速器置于空挡，逐渐踏下加速踏板使节气门开度达到最大，并保持在最大开度状态，记录此时发动机的最大转速，然后松开加速踏板，使发动机回到怠速状态。

②使用前进挡驱动待检车辆，选择合适的挡位，使节气门处于全开位置时，底盘测功机指示的车速接近 70 km/h，但不能超过 100 km/h。对装有自动变速器的车辆，应注意不要在超速挡下测量。

2）计算机对按上述步骤获得的数据进行自动分析，判断是否可以继续进行后续的检测，被判定为不适合继续检测的车辆不允许进行加载减速检测。

3）在确认机动车可以进行排放检测后，将底盘测功机切换到自动检测状态。

4）检测开始后，检测员应始终将加速踏板踩到底使节气门保持在最大开度状态，直到检测系统通知松开加速踏板为止。在试验过程中检测员应实时监控发动机冷却液温度和机油压力。一旦冷却液温度超出了规定的温度范围，或者机油压力偏低，必须立即停止检测。冷却液温度过高时，检测员应松开加速踏板，将变速器置于空挡，使车辆停止运转。然后，使发动机在怠速工况下运转，直到冷却液温度重新恢复到正常范围为止。

5）检测过程中，检测员应时刻注意待检车辆或检测系统的工作情况。

6）检测结束，打印检测报告并存档。

5. 加载减速法检测的注意事项

（1）每条检测线上至少应设置三个岗位：一是计算机操作岗位，二是待检车辆检测员岗位，三是辅助检查岗位。各岗位人员均应随时注意待检车辆在检测过程中是否出现异常情况。

（2）除检测员外，在检测过程中，其他人员不得在检测现场逗留。

（3）如果发现待检车辆的车况太差，不适宜进行加载减速法检测，必须先进行修理后才能进行检测。

（4）检测过程中由于发动机发生故障，使检测工作终止时，必须待故障排除后重新进行排放检测。

（5）在加载减速检测过程中，如果检测员想通过松开加速踏板来暂时停止检测工作，检测工作都将被提前中断。在这种情况下，自动试验程序认为检测工作已经中止。

（6）不透光式烟度计至少每年检定一次，经检定合格后方可重新投入使用。

五、柴油车排放检测结果的判定

1. 如果污染物检测结果中有任何一项不满足限值要求，则可判定排放检验不合格。
2. 车辆排放有明显可见烟度或烟度值超过规定值，则可判定排放检验不合格。
3. 检验完毕，应签发机动车环保检验报告。

模块八 ——汽车噪声检测

随着汽车的快速普及和功率的提高，汽车噪声已成为一些城市的主要噪声源。噪声不仅会使人心情不安、烦躁、疲倦和工作效率降低，而且会损害人体健康，引起某些疾病，如听力下降以及神经系统和血液循环系统疾病。车内噪声过大还会影响驾驶员的操作和汽车安全行驶。汽车噪声具有游走性，影响范围大，干扰时间长，危害较大。因此，必须进行汽车噪声检测，运用技术措施有效控制汽车噪声。

任务1 汽车噪声的评价指标及检测标准

学习目标

1. 了解噪声和噪声的评价指标。
2. 熟悉汽车噪声的相关标准。
3. 熟悉汽车的噪声和噪声源。

一、噪声

使人烦躁的、讨厌的，且不需要的声音统称为噪声。噪声不仅有声学方面的性质，还具有生理学、心理学方面的含义，即包括声音产生的不舒适程度和对人体影响程度的内容。噪声是一种声波，具有一切声波运动的特点和性质。

声波有纯音、乐音和噪声三种波形，如图 8-1-1 所示。在示波器上观察噪声的波形，一般都是不规则的和无调的，不像纯音和乐音那样简谐而有调。噪声的振动是由大量不同频率的简谐振动组成的，其特点是振动形式的非周期性，表现为紊乱、断续或统计上随机的振荡。

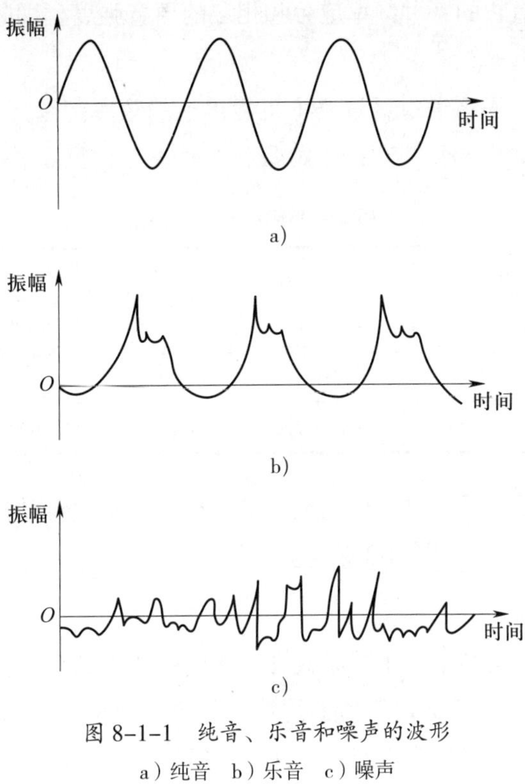

图 8-1-1　纯音、乐音和噪声的波形

a）纯音　b）乐音　c）噪声

二、噪声的评价指标

1. 噪声的声压和声压级

噪声的主要物理参数有声压与声压级、声强与声强级和声功率与声功率级。其中，声压与声压级是表示声音强弱的最基本的参数。

声压是指由于声波的存在引起在弹性介质中压力的变化值。声音的强弱取决于声压，声压越大听到的声音越强。人耳对声音大小的感觉，并不与声压的大小成正比，而是与它的对数近似成正比，因此，人们常用声压级来表示声音的强弱。声压级的单位是分贝（dB），其定义为

$$L_p=20\lg\frac{p}{p_0} \quad (8\text{-}1)$$

式中　L_p——声压级，dB；

p——实际声压，Pa；

p_0——基准声压，$p_0=2\times10^{-5}$ Pa。

在噪声测量中，通常是测定声压级。声压级越大，表示声音越强。

2. 噪声的频谱

人耳对声音的主观感觉不仅与声压有关，而且还与声音的频率有关。为全面了解声源的特性，还必须知道它的各种频率成分和相应的声音强度，即频谱分析。噪声的频谱也是噪声的评价指标之一。

在声音测量中，让噪声通过滤波器把可闻声音的频率范围分割成若干个小的频段，称为频程或频带。可闻声音频率范围用 10 段倍频程表示，见表 8–1–1。

表 8–1–1　倍频程中心频率及频率范围　Hz

中心频率	31.5	63	125	250	500
频率范围	22 ~ 45	45 ~ 90	90 ~ 180	180 ~ 355	355 ~ 710
中心频率	1 000	2 000	4 000	8 000	16 000
频率范围	710 ~ 1 400	1 400 ~ 2 800	2 800 ~ 5 600	5 600 ~ 11 200	11 200 ~ 22 400

为使频段分得更细，可采用 1/3 频程。1/3 频程是在每个倍频程的频率之间插入两个频率，使 4 个频率之间依次相距 1/3 频程。

3. 噪声级

为了模拟人耳对不同频率的不同灵敏性，在声级计内设有一种能够模拟人耳的听觉特性，把电信号修正为与听觉近似值的网络，称为计权网络。通过计权网络测得的声压级，就不再是客观物理量的声压级，而是经过听感修正的声压级，称为计权声级或噪声级。

三、汽车噪声的相关标准

汽车噪声的相关标准有汽车喇叭噪声标准、汽车车内噪声标准、汽车定置噪声标准、汽车加速噪声标准等。

1. 汽车喇叭噪声标准

从防止噪声对环境污染的角度出发，汽车喇叭噪声越低越好。但从保证行车安全的角度出发，汽车的喇叭必须有一定的响度。国家标准《机动车用喇叭的性能要求及试验方法》（GB 15742—2019）中规定了机动车用电喇叭和气喇叭的性能要求、试验方法等。

2. 汽车车内噪声标准

（1）客车的车内噪声

国家标准《客车车内噪声限值及测量方法》（GB/T 25982—2024）中规定，内燃机客车、混合动力客车车内噪声声压级不应超过表 8–1–2 规定的数值。

表 8-1-2 内燃机客车、混合动力客车车内噪声声压级限值 dB（A）

车辆类型		车内噪声声压级	
城市客车	前置动力系统	驾驶区	86
		乘客区	86
	后置动力系统	驾驶区	77
		乘客区	80
其他客车	前置动力系统	驾驶区	76
		乘客区	76
	后置动力系统	驾驶区	71
		乘客区	73

注：城市客车车内噪声声压级限值为加速行驶工况，其他客车车内噪声声压级限值为匀速行驶工况。

（2）驾驶员的耳旁噪声

国家标准《机动车运行安全技术条件》（GB 7258—2017）中规定，汽车驾驶员耳旁噪声声压级应小于或等于 90 dB（A）。

3. 汽车定置噪声标准

汽车定置噪声是指车辆不行驶，发动机处于空载运转状态时，汽车的排气噪声和发动机噪声的水平。国家标准《汽车定置噪声限值》（GB 16170—1996）中规定了汽车定置噪声限值，见表 8-1-3。

表 8-1-3 汽车定置噪声限值 dB（A）

车辆类型	燃料种类		车辆出厂日期	
			1998 年 1 月 1 日以前	1998 年 1 月 1 日以后
轿车	汽油		87	85
微型客车、货车	汽油		90	88
轻型客车、货车、越野车	汽油	$n_r \leqslant 4\ 300$ r/min	94	92
		$n_r > 4\ 300$ r/min	97	95
	柴油		100	98
中型客车、货车、大型客车	汽油		97	95
	柴油		103	101
重型货车	$N \leqslant 147$ kW		101	99
	$N > 147$ kW		105	103

注：N—汽车发动机额定功率。

n_r—汽车发动机额定转速。

4. 汽车加速噪声标准

汽车加速行驶时，国家标准《汽车加速行驶车外噪声限值及测量方法》（GB 1495—2002）规定了车外最大噪声限值，见表 8-1-4。

表 8-1-4　　汽车加速行驶车外噪声限值　　dB（A）

汽车分类	噪声限值	
	第一阶段	第二阶段
	2002.10.1—2004.12.30 期间生产的汽车	2005.1.1 以后生产的汽车
M_1	77	74
M_2（$GVM \leqslant 3.5$ t），或 N_1（$GVM \leqslant 3.5$ t）： $GVM \leqslant 2$ t 2 t$<GVM \leqslant 3.5$ t	 78 79	 76 77
M_2（3.5 t$<GVM \leqslant 5$ t），或 N_1（$GVM>5$ t）： $P<150$ kW $P \geqslant 150$ kW	 82 85	 80 83
N_2（3.5 t$<GVM \leqslant 12$ t），或 N_3（$GVM>12$ t）： $P<75$ kW 75 kW$\leqslant P<150$ kW $P \geqslant 150$ kW	 83 86 88	 81 83 84

注：① GVM—最大总质量（t）。

② P—发动机额定功率（kW）。

③ M_1、M_2（$GVM \leqslant 3.5$ t）和 N_1 类汽车装用直喷式柴油机，其限值增加 1 dB（A）。

④对于越野汽车，其 $GVM>2$ t 时：如果 $P<150$ kW，其限值增加 1 dB（A）；如果 $P \geqslant 150$ kW，其限值增加 2 dB（A）。

⑤ M_1 类汽车，若其变速器前进挡多于 4 个，$P>140$ kW，P/GVM 之比大于 75 kW/t，并且用第三挡测试时其尾端出线的速度大于 61 km/h，则其限值增加 1 dB（A）。

四、汽车的噪声和噪声源

汽车噪声包括发动机噪声（含燃烧噪声、机械噪声、进气噪声、排气噪声和风扇噪声等）、空气动力噪声、轮胎噪声和车身与底盘噪声等。图 8-1-2 所示为汽车主要的噪声源，这些噪声源可分为车外噪声和车内噪声。车外噪声是交通噪声的重要公害源，车内噪声关系到车辆乘坐的舒适性。

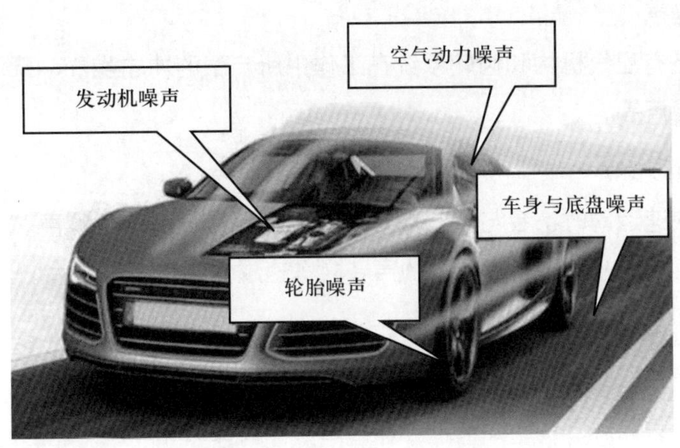

图 8-1-2 汽车主要的噪声源

1. 发动机噪声

发动机系统是汽车最主要的噪声源，发动机噪声主要来自以下几部分：

（1）进气噪声

进气噪声由进气门快速周期性开闭和周围气体振动而产生。发动机转速越高，进气噪声越大。

（2）排气噪声

排气噪声是发动机噪声中最主要的部分。当排气门开启时，高温、高压的气体从气缸排出，压力突然减小，形成气流冲击。由于排气门的周期性开闭与活塞往复运动的影响，气流会产生很大的压力波，也就形成了强大的噪声。如果没有排气消声器，这种噪声可达 120～130 dB。安装排气消声器后，排气噪声可明显减小（会减小 20～30 dB）。随着发动机转速的增大，排气噪声也会增大。

（3）风扇噪声

风扇噪声也是汽车的主要噪声源之一，主要由风扇叶片旋转振动空气而产生。当风扇的转速增大时，风扇噪声也会增大。

（4）燃烧噪声

燃气在燃烧过程中，由于气缸内压力快速、周期性地变化而产生噪声。燃烧噪声与气缸压力成正比。

（5）活塞敲击噪声

当活塞上下往复运动时，在上下止点处因侧向推力周期性地改变方向，造成活塞冲击气缸而产生敲击噪声。活塞与气缸壁的间隙越大，转速越高，这种噪声也就越大。

（6）供油系统引起的机械噪声

机械噪声包括喷油系统表面的辐射噪声、喷射系统直接向空气传播的噪声、喷油泵驱动系统的噪声三部分，这也是柴油机高频噪声的主要来源。

（7）其他噪声

其他噪声还有配气机构和齿轮系统在工作中所产生的冲击噪声、柴油机喷油时的噪声、齿轮传动噪声等。

2. 空气动力噪声

任何物体快速运动时都会与空气摩擦，引起空气振动而产生噪声。汽车行驶时，会带动周围的空气振动，发出“呼呼”的声音。车速越快，噪声也越大。

3. 车身与底盘噪声

（1）传动噪声

传动噪声主要是变速器、传动轴等部件运动时发出的噪声。

（2）车身振动噪声

汽车在凹凸不平的路面上行驶时，会引起车身壳体、门窗等部件的振动而产生噪声。另外，发动机的振动也会传递到车身而引起振动，这些振动是车内噪声的主要来源。为了降低车内噪声，需在车内安装吸音材料，并对发动机采取有效的隔振措施。

（3）制动噪声

制动噪声是由于制动时制动器摩擦副之间的摩擦产生的，这是一种刺耳的高频噪声，其频率为 1 000～6 000 Hz。

4. 轮胎噪声

轮胎噪声产生的原因比较复杂，其中一个主要原因是由于轮胎是弹性体，表面又有胎纹，当轮胎在地面上滚动时，胎纹内的空气受到周期性挤压与释放，因而产生噪声。另外，由于轮胎滚动时的弹性变形和路面凹凸不平而引起轮胎本身的振动也会产生低频噪声。轮胎胎纹的形状、车速、轮胎气压和载质量等都会影响轮胎噪声。

任务 2　汽车噪声性能的检测

学习目标

1. 了解声级计的结构和使用方法。

2. 熟悉声级计的校准方法。

3. 掌握汽车定置噪声、喇叭声级、加速行驶车外噪声、匀速行驶车外噪声、车内噪声的检测。

声级计是一种在噪声测量中使用最为广泛的测量仪器，它能够按照人耳听觉特性近似地测量工业噪声、生活噪声和车辆噪声的噪声级。在汽车检测线上，对汽车噪声的检测一般只检测喇叭噪声级，而综检报告单上还要求检测车辆的定置噪声及驾驶员耳旁噪声。

一、声级计的结构和使用方法

1. 声级计的结构

声级计一般由电容传声器、前置放大器、过载指示器、显示器、指示灯等组成，如图 8-2-1 所示。

2. 声级计的使用方法

在检测汽车的喇叭声级和车内外噪声时，其测试条件、测点位置和测试方法应严格按照国家标准的有关规定执行。此外，按使用说明书的要求用声级计进行检测时，应注意以下几点：

（1）回零和校准

打开声级计的电源开关，等待仪器预热一段时间（通常为 1～2 min），根据预期的声级范围，选择合适的测量挡位，将声级计的传声器放置在安静的环境中，观察声级计的显示，若显示不为零则需进行回零操作。

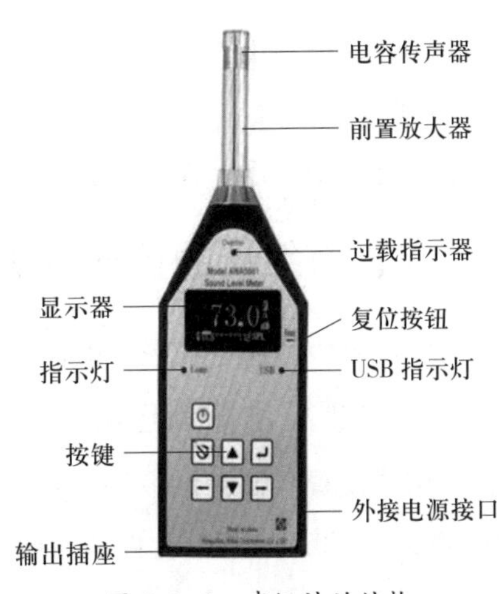

图 8-2-1　声级计的结构

在每次测量前或使用一段时间后，应按使用说明书要求对声级计的电路和传声器进行校准操作，若不正常，则应调节微调电位器。

（2）选择量程开关

声级计的测量范围有 35～80 dB、60～105 dB 和 85～130 dB 三挡。测量前，应根据被测声音大小将量程开关置于合适位置。如无法估计其大小，应先将量程开关置于最高挡。测量喇叭声级时，应使用 85～130 dB 挡。

（3）选择频率计权开关

根据被测声音的波动情况，选择频率计权开关的位置。测喇叭声级时，应将频率计权开关拨到“F”（快）挡。

（4）选择保持开关

一般测量时，将此开关置于“5 s”。测喇叭声级时，为测出喇叭发出的最大声音，可用“保持”挡。此时，按下复位按钮，仪器即工作在最大值保持状态，显示值为仪器复位以后所测声级的最大值。每按一次复位按钮，即结束前一次的保持，并开始新的保持周期。

（5）复位

在测量中，改变任何开关位置都必须按一下复位按钮，以消除开关换挡时可能引起的干扰。

（6）其他注意事项

1）使用完毕立即将电池取出，以免电池漏液而损坏机件。

2）声级计应存放于干燥的场所。如有条件，最好置于干燥器皿中。

3）在装卸传声器、延伸电缆、电池或外接电源时，应事先将电源开关置于“关”。

4）不要随意取下传声器的保护罩，以免损坏膜片。当发现膜片较脏时，可用脱脂棉蘸少许三氯乙烯或丙酮轻轻擦拭干净。

5）液晶是有机化合物，如果长期暴露在强烈的紫外线辐射下，将会发生光化学反应，因此在使用中应尽量避免光直接照射在显示器上。

6）将防尘罩套在声级计的传声器上，可阻挡尘埃侵入传声器，同时对传声器有一定的机械防护作用。在做精确测量时，可将防尘罩取下。

二、声级计的校准方法

使用声级计测量噪声之前，首先要进行校准，否则难以保证测量数据的准确性。

1. 设置校准器声压级

按“设置”键进入参数设置，移动光标至“校准器声压级”处，调整校准器声压级为 93.9（校准证书值），再按“设置”键退出参数设置，如图 8-2-2 所示。

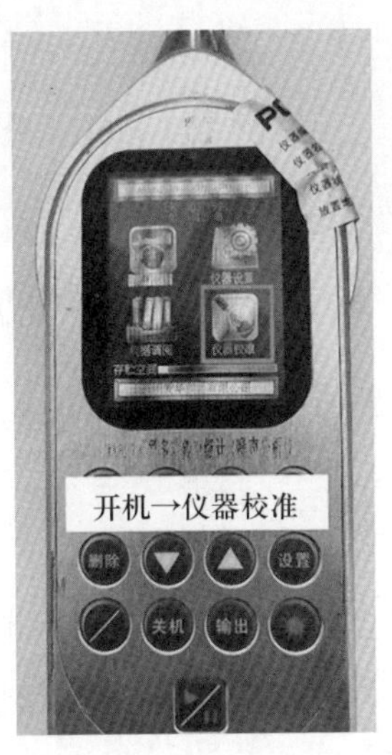

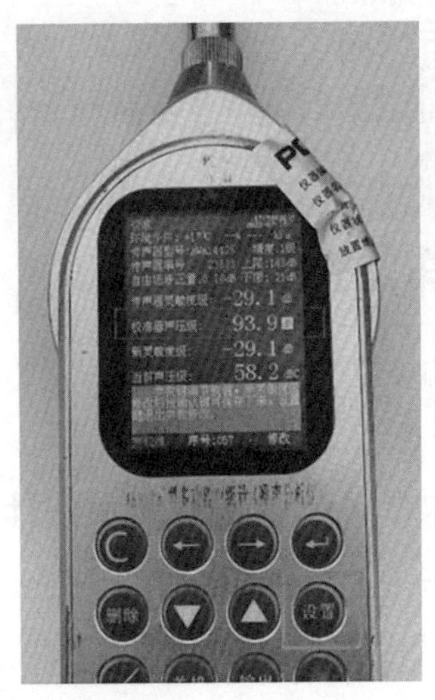

图 8-2-2　设置校准器声压级

2. 开始校准

安装校准器（安装牢固），并打开校准器，等校准器红灯亮起后，按“启动”键开始校准，等待校准结束，按“确认”键保存校准结果，如图 8-2-3 所示。每次开始检测前，都需要校准（昼夜各 1 次）。

3. 开始检测

按照检测方法要求，观测气象条件、选取检测点位、设置噪声检测时间，开始检测，检测结束打印数据条。

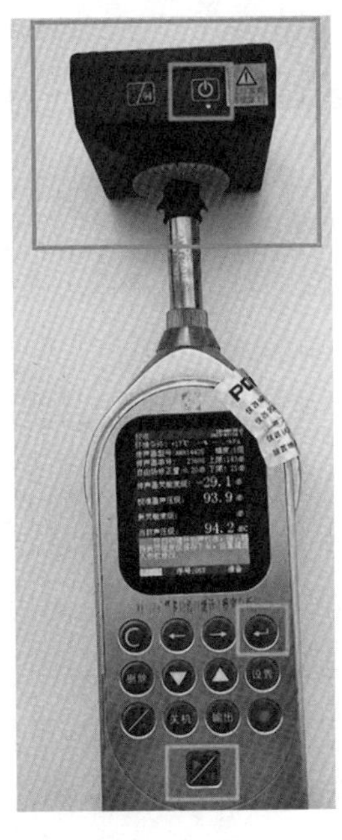
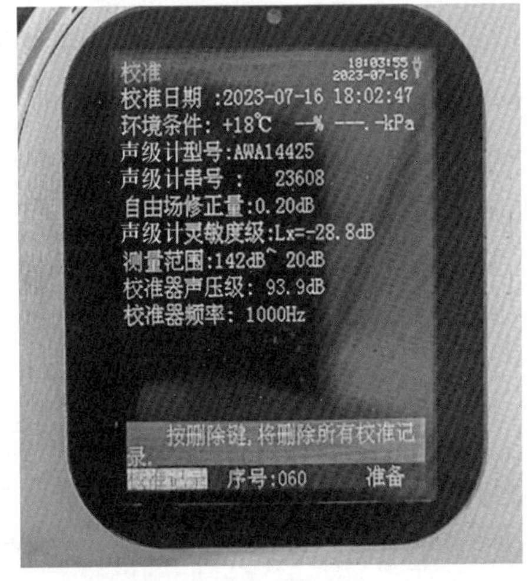

图 8-2-3　校准声级计

4. 检测后校验

设置检测时间为 1 min，安装并打开校准器，开始测量 1 min，测量结束打印数据条。

三、汽车定置噪声的检测

定置噪声的测量按国家标准《声学　机动车辆定置噪声声压级测量方法》（GB/T 14365—2017）的规定进行。

1. 汽车定置噪声检测的基本条件

（1）测量场地应为开阔的、由混凝土或沥青等坚硬材料构成的平坦地面。待测车辆周边 3 m 内和声级计周边 3 m 内无较大的反射物。除测试人员和驾驶员外，测量现场不得有影响测量的其他人员。

（2）测量期间，风速不大于 5 m/s。风速超过 2 m/s 时建议使用防风罩。

（3）测量期间，背景噪声是指测量对象的噪声不存在时，周围环境的噪声。

（4）声级计相对声源的朝向以及测试人员相对传声器的位置，应按照仪器使用规范进行布置。

（5）为了安全，在测量前应拉紧驻车制动器。对于手动挡的车辆，将变速操纵杆置于空挡，离合器接合；对于自动变速器的汽车，变速器置于 P 挡。

（6）发动机室盖、车窗和车门应关上，空调和其他辅助装置应关闭；发动机冷却液温度、机油温度应符合生产厂家的规定。

2. 排气噪声的检测方法

（1）将车辆置于测量场地中央，不同排气管位置的四轮汽车声级计的位置，如图 8-2-4 所示。

（2）声级计置于距离排气口参考点（0.5 ± 0.01）m 位置，与包含排气口末端轴线的垂直平面成 40° ~ 50°。声级计应与参考点等高，在任何情况下距地面不得小于 0.2 m，声级计的轴线应与地面平行，朝向排气口参考点。

（3）当排气管两侧都能布置传声器时，声级计布置在离车辆纵向轴线较远一侧。当排气管轴向与车身纵向轴成 90° 时，声级计布置在距离发动机较远的一侧。

（4）如果车辆有两个或两个以上排气管，相互距离不超过 0.3 m，并且连接同一排气消声器，则只取一个测量位置。如果有多个排气管相距大于 0.3 m，或使用了多个排气消声器，应对每个排气管进行测量，记录其中最高声压级。

（5）对排气管垂直向上的车辆，声级计放置高度应与排气管口等高，声级计朝上，其参考轴应垂直于地面。声级计布置在距离排气管参考点（0.5 ± 0.01）m 的位置，但测量点距排气管较近一侧的车辆侧面不能小于 0.2 m，如图 8-2-5 所示。

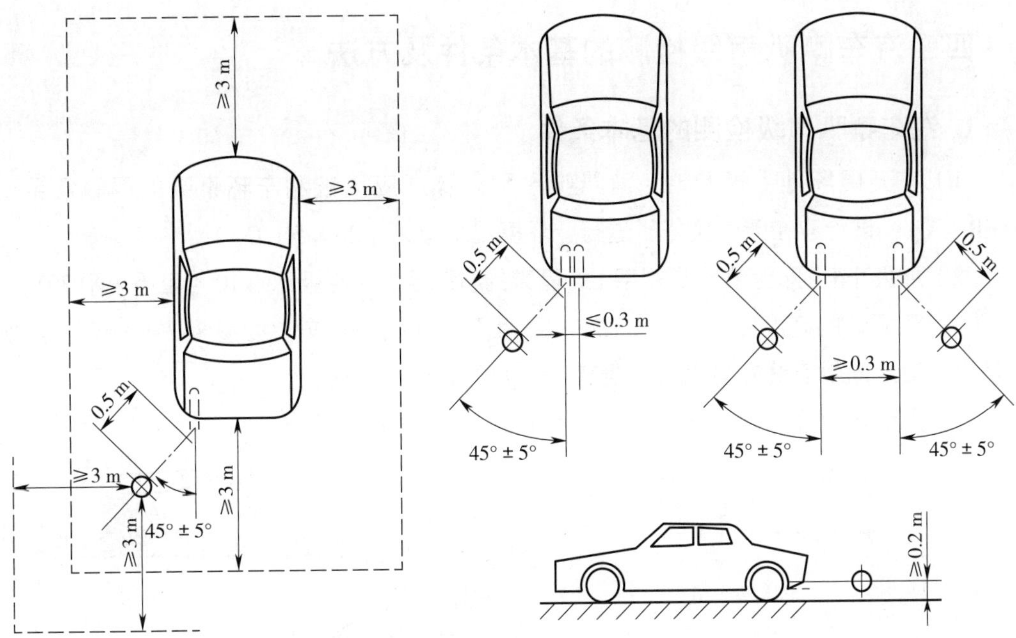

图 8-2-4 不同排气管位置的四轮汽车声级计的位置

⊕—声级计位置

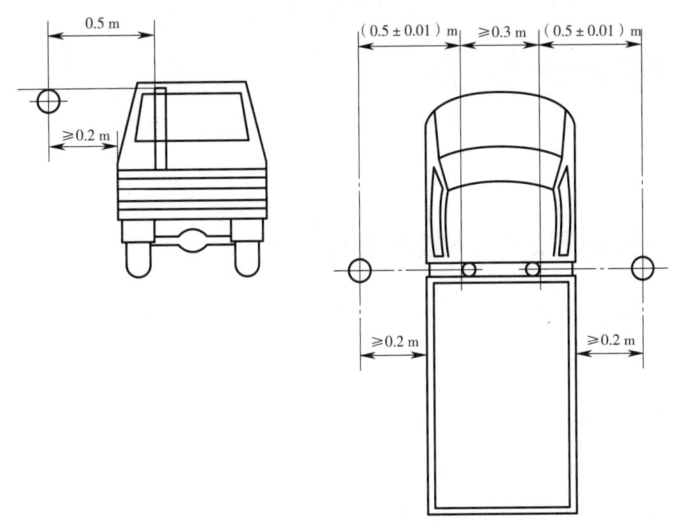

图 8-2-5 垂直排气系统的声级计位置

(6)为了检测时测量方便，参考点应取在车身表面靠外的位置。

(7)测量开始后，发动机转速从怠速逐渐增大至发动机转速目标值(额定转速的75%)，稳定在目标转速后保持不变。然后，迅速松开加速踏板，测量由稳定转速减速到怠速过程的噪声。测量应至少包含 1 s 的稳定转速。

(8)对每一个排气管口进行重复测量，直到连续 3 次测量数据的变化范围在 2 dB(A)之内为止，最终结果为 3 次有效测量结果的算术平均值。

四、汽车喇叭声级检测的基本条件及方法

1. 汽车喇叭声级检测的基本条件

（1）在开阔场地上试验时，背景噪声和风噪声应比被测车辆喇叭的声级低至少 10 dB（A），试验应在天气良好时进行，环境温度应为（23 ± 5）℃。

（2）声级计牢固安装在金属基架上，基架的质量至少为声级计的 10 倍且不小于 30 kg。

（3）声级计的高度应在 1.15 ~ 1.25 m，且声级计朝向汽车，如图 8–2–6 所示。声级计最大灵敏度的中心线应与喇叭的最高声级方向重合在一起。

（4）声级计膜片与喇叭声音出口平面相距（2 ± 0.01）m。

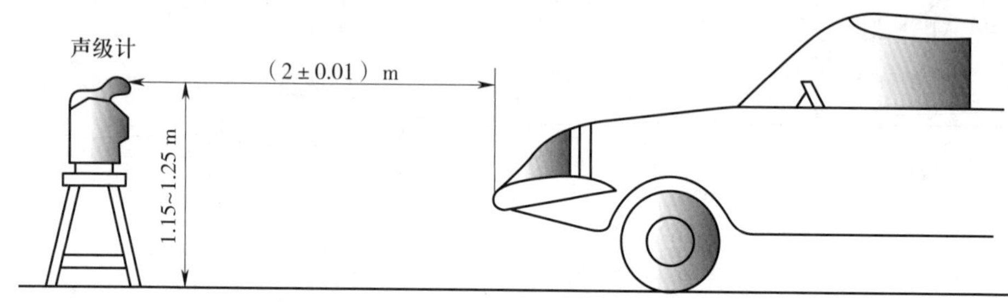

图 8–2–6　汽车喇叭声级的测点位置

2. 汽车喇叭声级检测的方法

检测时，喇叭连续发声时间不超过 30 s。应注意不被偶然的其他声源峰值所干扰，测量次数应在 2 次以上。

五、汽车加速行驶车外噪声的检测

汽车加速行驶车外噪声的检测按国家标准《汽车加速行驶车外噪声限值及测量方法》（GB 1495—2002）的规定进行。

1. 加速行驶车外噪声检测的基本条件

（1）测量仪器应采用精密声级计。

（2）测量场地应平坦、空旷。以测量场地中心为基点、半径 50 m 的范围内没有大的声反射物，如围栏、岩石、桥梁或建筑物等；试验路面和其余场地表面干燥，无积雪、高草、松土或炉渣之类的吸声材料。

（3）声级计附近没有任何影响声场的障碍物，并且声源与声级计之间无人站留。进行测量的观察者应站在不影响仪器测量值的位置。

（4）测量场地应水平、坚实、平整，并且试验路面不应产生过大的轮胎噪声。

（5）测量应在良好天气下进行。测量时，风速不应超过 5 m/s。为避免风噪声干扰，可采用防风罩，但应注意防风罩对声级计灵敏度和方向性的影响。

（6）背景噪声至少应比被测汽车噪声低 10 dB。

（7）被测车辆应空载，技术状况正常，测量时发动机应处于正常使用温度。

（8）汽车加速行驶车外噪声测量区域及测点位置如图 8-2-7 所示。*O* 点为测量区的中心，加速段长度为 2×（10±0.05）m，*AA′* 线为加速始端线，*BB′* 线为加速终端线。声级计应布置在离地面高度为（1.2±0.02）m、距行驶中心线（7.5±0.05）m 的两侧，其参考轴线必须水平并垂直指向行驶中心线。

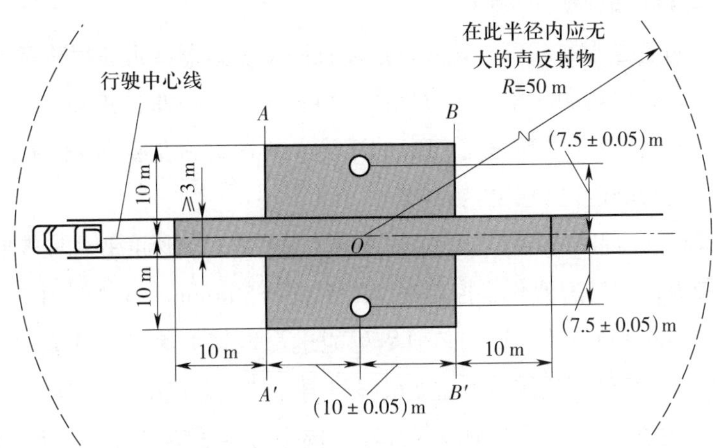

图 8-2-7　汽车加速行驶车外噪声测量区域及测点位置示意图

■—最小的标准试验路面　○—传声器 h=（1.2±0.02）m

2. 加速行驶车外噪声的检测方法

（1）汽车行驶挡位的确定

1）手动变速器行驶挡位的确定

①对于 M_1、N_1 类汽车，装用不多于四个前进挡的变速器时，应用第二挡进行测量。

②对于 M_1、N_1 类汽车，装用多于四个前进挡的变速器时，应分别用第二挡和第三挡测量。

③当选用第二挡测量时，汽车尾端通过 *BB′* 线时发动机转速超过了发动机的额定转速 *S*，则应逐次按 5%*S* 降低接近 *AA′* 线时发动机的稳定转速 N_A，直至通过 *BB′* 线的发动机转速不再超过 *S*；若 N_A 降到了怠速，汽车通过 *BB′* 线的发动机转速仍超过 *S*，则只用第三挡测量。

④对于前进挡多于四挡并装用额定功率大于 140 kW 的发动机，且额定功率与最大总质量之比大于 75 kW/t 的 M_1 类汽车，若该车用第三挡测量，其尾段通过 *BB′* 线时的速度大于 61 km/h，则只用第三挡测量。

2）自动变速器行驶挡位的确定

若汽车的自动变速器装有手动选挡器，则应使手动选挡器处于车辆正常行驶时的位置来进行测量。

（2）汽车接近速度的确定

1）手动变速器接近速度的确定

接近 *AA′* 线时的稳定速度取下列速度中的较小者：

① 50 km/h。

②对于 M_1 类和发动机功率不大于 225 kW 的其他各类汽车：对应于 75%*S* 的车速。

③对于 M_1 类以外的且发动机功率大于 225 kW 的各类汽车：对应于 50%*S* 的车速。

2）自动变速器接近速度的确定

①对于有手动选挡器的汽车，其接近速度按手动变速器接近速度确定。

②对于无手动选挡器的汽车，应分别以 30 km/h、40 km/h、50 km/h（若最高速度的 75% 低于 50 km/h，则以其最高速度 75% 的速度）的稳定速度接近 *AA′* 线。

（3）汽车加速行驶通过测量区

1）汽车应以上述规定的挡位和稳定速度接近 *AA′* 线，其速度变化应控制在 ±1 km/h。若控制发动机转速，则转速变化应控制在 ±2% 或 ±50 r/min（取两者中较大值）。

2）当汽车前端到达 *AA′* 线时，必须尽可能迅速地将加速踏板踩到底（即节气门全开），并保持不变，直到汽车尾端通过 *BB′* 线时再尽快松开踏板（即节气门关闭）。

3）汽车应直线加速行驶通过测量区，其纵向中心平面应尽可能接近行驶中心线。

4）如果该车是由牵引车和不易分开的挂车组成的，车辆尾端通过 *BB′* 线时不考虑挂车。

（4）加速行驶车外噪声的声级测量

1）汽车在每一侧应至少测量 4 次。

2）应测量汽车加速驶过测量区的最大声级。每次测得的读数值应减去 1 dB（A）作为测量结果。

3）若在汽车同侧连续 4 次测量结果相差不大于 2 dB（A），则认为测量结果有效。

4）将每一挡位（或接近速度）条件下每一侧的 4 次测量结果进行算术平均，然后取两侧平均值中较大的作为中间结果。

（5）汽车最大噪声声级的确定

1）对于只用一个挡位测量的汽车，直接取中间结果作为最大噪声声级。

2）对于采用两个挡位测量的汽车，取两挡中间结果的算术平均值作为最大噪声声级。

3）最大噪声声级的值应按有关规定修约到一位小数。

六、汽车匀速行驶车外噪声的检测

被测车辆用常用挡位，节气门开度保持稳定，以 50 km/h 的车速匀速驶过测量区。声级计的使用、数据的读取及测量结果的确定同加速行驶车外噪声测量。

七、汽车车内噪声的检测

车内噪声的检测可按国家标准《声学 汽车车内噪声的测量方法》(GB/T 18697—2002)的规定执行。

1. 车内噪声检测的基本条件

(1)被测车辆与周边的建筑物、墙壁或汽车外的类似大型物体之间的距离应大于 20 m。

(2)测量时环境温度在 –5 ~ 35 ℃,在沿测量路线约 1.2 m 高度时的风速不得超过 5 m/s。

(3)测量路段应是硬路面,必须尽可能平滑,不得有接缝、凹凸不平或类似的结构;道路表面必须干燥,不得有雪、污物、石块、树叶等杂物。

(4)在测量过程中,发动机的所有运行条件,如燃料、润滑油、点火正时或喷油时间等都应该符合制造厂家的规定。在测量开始前,发动机应稳定在正常的工作温度范围内。

(5)所采用的轮胎应该与厂家规定的型号一致。轮胎压力必须符合制造厂家的要求。轮胎应较新,胎纹无明显磨损(特别不应有偏磨)。

(6)汽车在测试噪声时必须是空载,除驾驶员、测量人员和测试装备外,不得有其他载荷。

(7)测量时,车辆的天窗、所有的车窗、进风口及出风口都必须关闭。辅助装置如刮水器、风扇、空调在试验过程中不得工作。

(8)可调节的座椅应该调节到水平和垂直的中间位置。可调节的头枕应该处于中间位置。

2. 车内噪声检测时声级计的安装位置

汽车车内噪声声级与测量位置有关,应选择驾驶员和乘客耳旁的车内噪声分布充足的测点。

(1)一个测点必须选在驾驶员座位;乘用车可在后排座位上追加一个测点。声级计离车厢壁或座椅的距离必须大于 0.15 m。声级计应以最大灵敏度的方向水平指向测量位置坐着或站着的乘客视线方向。

(2)座椅处的声级计位置。声级计的垂直坐标是座椅的表面与靠背的交线以上(0.70 ± 0.05)m 处,水平坐标应在座椅的中心面(或对称面)上,如图 8–2–8 所示;驾驶员座位上,测点 B 水平横坐标向左到座椅中心面的距离为(0.20 ± 0.02)m。

(3)站立处的声级计位置。垂直坐标应在地板以上(1.6 ± 0.1)m 处,水平坐标应在所选测点站立的位置上。

(4)卧姿的声级计位置。卧姿指处于汽车或货车的卧铺和救护车的担架等状态,传声器须放在枕头的中部以上(0.15 ± 0.02)m 处。

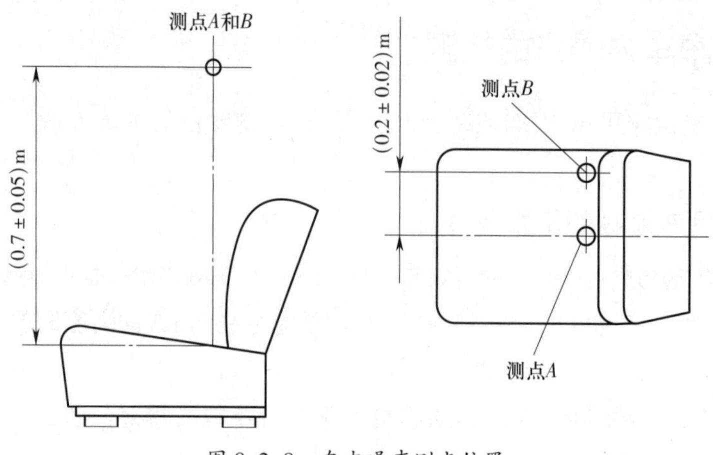

图 8-2-8　车内噪声测点位置

3. 车内噪声的检测

（1）匀速行驶试验

从 60 km/h 或最高车速的 40%（取两者较小值）到 120 km/h 或最高车速的 80%（取两者较小值）范围内，至少以等间隔的 5 种车速进行声级测量。

测量按以下两种方法之一进行：

1）汽车在规定的车速范围内慢加速行驶（如 0.1 m/s^2），加速度应足够小，以测得与稳定车速行驶时相同声级，在所选择的车速上读取声级数值。

2）汽车以所选择的车速匀速行驶，读取相应的声级数值。对于每一车速行驶时，测量时间至少 5 s，变速器挡位应处于最高的挡位。

（2）全加速行驶试验

将车速或发动机转速调整到稳定的初始工作状况，尽可能快地踩加速踏板，同时启动记录装置开始记录，直到发动机转速达到额定转速的 90% 或达到 120 km/h 车速（取两者较小值），记录停止。应防止车轮打滑，影响声级的最大值。

（3）车辆定置试验

变速器置于空挡，使发动机低速空转，踩下加速踏板，使发动机加速到高速空转，并在此位置上保持至少 5 s，读取声级数值。

模块九 汽车车速表检测

车速表是用来指示汽车行驶速度的仪表。车速表长期使用后，其指示误差会越来越大。当车速表的指示误差太大时，不仅会使驾驶员在限速路段行驶时难以正确控制车速，而且极易使驾驶员错误地判断汽车的行驶情况，对行车安全非常不利。为确保车速表的指示精度，必须适时对车速表进行检测和校正。车速表指示误差的检测一般为安全检测线的第2工位。在汽车综合性能检测线上，车速表指示误差通常是利用底盘测功机检测的。

任务1 汽车车速表误差及检测标准

学习目标

1. 了解车速表的类型和原理。
2. 熟悉车速表误差的测量原理和检测标准。
3. 掌握车速表指示误差的形成原因。

一、车速表的类型和原理

车速表通常与里程表复合在一起，并由同一根轴驱动或使用同一传感器。车速表传感器的形式主要有磁感应式和电子式两种。

1. 磁感应式车速表

磁感应式车速表利用磁感应的作用，使汽车运行时表盘上的指针摆角与汽车行驶的车速成正比，从而指示出汽车行驶的瞬时速度。

2. 电子式车速表

电子式车速表的工作主要是通过传感器、信号处理器来完成的，电子式车速表的传感器安装在组合仪表内，由变速器经软轴驱动完成。

当汽车在运行时，电子式车速表可以将车速传感器输入的脉冲信号进行整合、处理，使其转变为电流信号，并且对电流信号进行放大处理，以驱动车速表显示汽车的行驶速度，同时还可以将脉冲信号经过分频和功率放大处理，转变成为具有一定频率的脉冲信号，进而驱动车速表步进电动机的轴，对汽车的行驶里程进行记录。

二、车速表误差的测量原理

检测车速表的示值误差，须采用滚筒式车速表检测台。用滚筒式车速表检测台（以下简称车速表检测台）检测车速表的指示误差，是把与车速表有传动关系的车轮置于检测台滚筒上旋转，以滚筒表面作为连续移动的路面，模拟汽车在路试中的行驶状态，进行车速表误差测量，如图 9-1-1 所示。测量时，将汽车上与车速表有传动关系的车轮（视车型而定，多数情况下是驱动车轮）置于车速表检测台的滚筒上，由车轮驱动滚筒旋转或由滚筒驱动车轮旋转。车速表检测台滚筒的端部装有转速传感器，可发出与车速变化成正比的电信号。

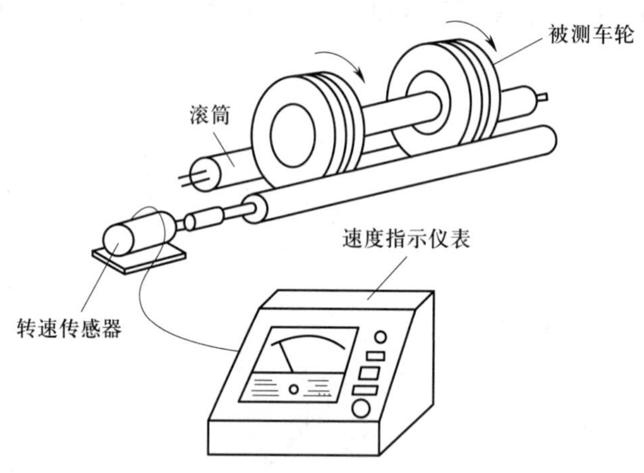

图 9-1-1　滚筒式车速表检测台的检测原理

滚筒表面的线速度、滚筒的圆周长度和滚筒的转速之间的关系，可用下式表示：

$$v=Ln\times 60\times 10^{-6} \tag{9-1}$$

式中　v——滚筒表面的线速度，km/h；

L——滚筒的圆周长度，mm；

n——滚筒的转速，r/min。

由于滚筒表面的线速度就是车轮的线速度，因此上述计算值即为汽车的实际车速值，由车速表检测台上的速度指示仪表显示，又称检测台指示值。

车轮带动滚筒或滚筒带动车轮转动的同时，汽车驾驶室内的车速表也在显示车速值，称为车速表指示值。将车速表指示值与实际车速值相比较，即可获得车速表指示误差。

$$\text{车速表指示误差}=\frac{\text{车速表指示值}-\text{实际车速值}}{\text{实际车速值}}\times 100\% \quad (9\text{–}2)$$

三、车速表误差的检测标准

国家标准《汽车用车速表》（GB 15082—2008）中规定，车速表指示车速 v_1（km/h）与实际车速 v_2（km/h）之间应符合以下关系式：

$$0\leqslant v_1-v_2\leqslant (v_2/10)+4 \quad (9\text{–}3)$$

四、车速表指示误差的形成原因

汽车在使用过程中，车速表产生误差的原因主要有车速信号的传递误差、车速表本身故障或损坏和轮胎的磨损等。

1. 车速信号的传递误差

汽车车速表获取车速信号的方式有机械式和电子式两种。机械式车速表获取车速信号通常是通过软轴将变速器输出轴转速传递给车速表的主动轴，这种传递车速信号的方式可靠性较高，一般不会产生误差。电子式车速表获取车速信号是通过安装在变速器处的各种车速传感器，如光电式车速传感器、霍尔效应式车速传感器、磁电式车速传感器等获得反映汽车车速的脉冲信号，再通过电子电路驱动车速表。这种车速信号在传递时，如果传感器性能变差、老化、损坏，或驱动电路性能不良、存在故障，就会使车速信号产生误差，从而导致车速表产生指示误差。

2. 车速表本身故障或损坏

汽车车速表主要有电磁式和电子式两大类。电磁式车速表是利用磁电互感作用，通过指针摆动来显示汽车行驶速度的，车速表内有可转动的活动盘、转轴、轴承、齿轮等零件和磁性元件，由于这些零件在使用过程中会发生自然磨损，且磁性元件的磁性变化，会造成车速表的指示误差。电子式车速表通常是一个电磁式电流表，用于接收驱动电路传送来的车速信号，其接收的平均电流与车速成正比，并驱动车速表指针偏摆，指示相应的车速，它无须软轴传动，其车速表性能一般较为稳定，但当电磁式电流表失效或性能变差时，也会造成车速表的指示误差。

3. 轮胎的磨损

汽车轮胎在使用过程中，随行驶里程的增加会逐渐磨损，其滚动半径将逐渐减小。在变速器输出轴转速不变的情况下，车速表的指示值为恒定值，与轮胎滚动半径的变化

无关；而汽车实际行驶速度却会因轮胎滚动半径的减小而变小，因此车速表指示值与实际车速就会形成误差。若仅因为轮胎的磨损而引起车速表的指示值误差，可通过更换轮胎来消除。

任务2　汽车车速表误差的检测

学习目标

1. 了解车速表检测台的类型。
2. 掌握车速表指示误差的检测，能对检测结果进行分析。

车速表的检测指标是车速表的车速指示误差，通常在滚筒式车速表检测台上进行检测。

一、车速表检测台的类型

车速表检测台按有无驱动装置可分为标准型与驱动型两种。若将具有车速表检测功能的各种检测台也归入其中，还包括综合型车速表检测台。

1. 标准型车速表检测台

标准型车速表检测台是指本身不带驱动装置，依靠被测汽车驱动轮进行驱动的车速表检测台，它主要由速度测量装置、速度指示装置、速度报警装置和安全保护装置等组成。

标准型车速表检测台结构简单，价格便宜，应用广泛。但标准型车速表检测台只适用于检测那些车速表由变速器输出驱动的车辆，不能检测车速表由从动车轮输出驱动的车辆。

2. 驱动型车速表检测台

驱动型车速表检测台如图 9–2–1 所示，它除带有驱动装置（电动机）以外，其他组成结构基本上与标准型车速表检测台相同。驱动装置与滚筒之间通过离合器相连，离合器起传递和中断动力的作用。

部分车型的车速表是由从动车轮提供的车速信号驱动的，驱动型车速表检测台就是为适应这类汽车而设置的。这类车型在检测时，将被测车辆的从动轮驶入检测台，检测台离合器接合，电动机带动滚筒和被测车轮旋转，从而驱动车速表检测台显示实际车速，与此同时也驱动驾驶室内车速表显示指示车速。

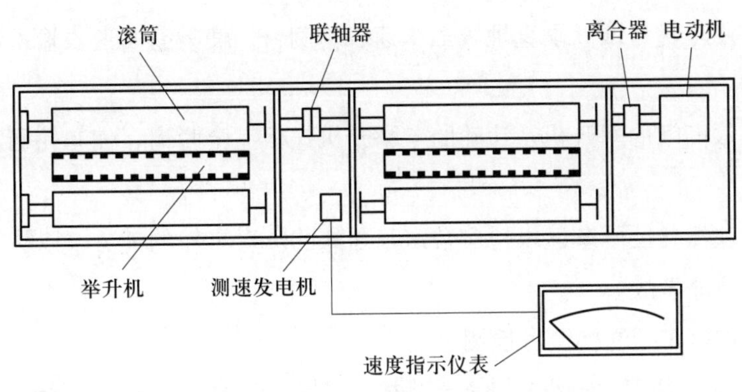

图 9-2-1　驱动型车速表检测台

当离合器处于分离状态时，驱动型车速表检测台也可作为标准型车速表检测台使用。驱动型车速表检测台的优点是检测范围广，能检测除极个别汽车（如全时四轮驱动汽车）外的各种车辆的车速表。

3. 综合型车速表检测台

综合型车速表检测台通常是一个多功能的检测台，车速表的检测往往是一个附加功能而不是主要功能，例如汽车底盘测功机、汽车惯性滚筒式制动检测台等。

二、车速表指示误差的检测

车速表指示误差的检测方法有道路试验法和室内台架试验法两种。道路试验法是汽车以不同的车速等速通过某一预定长度的试验路段，测定通过该路段的时间，可计算出实际车速，并与驾驶室内车速表的指示值相对照，即可求出不同车速下车速表的误差。室内台架试验法是在滚筒式车速表检测台上进行。

1. 车速表指示误差检测前的准备工作

（1）车速表检测台的准备

确保车速表检测台处于良好的工作状态，滚筒在静止状态时接通电源，指示仪表指针应在零位，举升机动作应正常，滚筒表面应清洁，无油、水、泥等杂物。在使用过程中，还要注意仪表指针回位、举升机的动作、各导线的接触等情况，发现故障要及时处理。

（2）被测车辆的准备

1）确保轮胎气压符合汽车制造厂的规定，以免引起检测误差。

2）确保轮胎胎纹沟槽内无杂物等，以免检测时杂物飞出伤人；轮胎不应沾有水、油等，以免检测时车轮打滑。

2. 车速表指示误差的检测步骤

（1）接通车速表检测台电源，升起滚筒间的举升机。

（2）将被测车辆与滚筒垂直地驶上车速表检测台，使具有车速表输入信号的车轮停在两滚筒之间。

（3）降下滚筒间的举升机，让轮胎与举升机托板完全脱离，使车轮稳定地支撑在滚筒上。

（4）用挡块抵住位于车速表检测台滚筒之外的一对车轮的前方，以防检测时汽车驶出检测台发生意外事故。

（5）用标准型车速表检测台检测

1）启动汽车，将变速操纵杆挂入最高挡，缓慢踩下加速踏板，使驱动轮加速运转。

2）当汽车车速表的指示值达到车速 40 km/h 时，维持 3～5 s 测取实际车速，读取检测台速度指示仪表的指示值；或当检测台速度指示仪表的指示值达到检测车速 40 km/h 时，立即读取汽车车速表的车速指示值。

（6）用驱动型车速表检测台检测

1）将汽车变速操纵杆挂入空挡。

2）接合检测台离合器，使滚筒与电动机相连。

3）启动电动机，驱动滚筒及车轮缓慢加速。

4）当汽车车速表的指示值达到车速 40 km/h 时，维持 3～5 s 测取实际车速，读取检测台速度指示仪表的指示值；或当检测台速度指示仪表的指示值达到检测车速 40 km/h 时，立即读取汽车车速表的车速指示值。

（7）检测结束时，对于标准型检测台，减速停车，轻踩制动踏板，使滚筒停止转动。对于驱动型检测台，应先将检测台离合器分离或切断电动机电源，然后再踩制动踏板。

（8）升起举升机，去掉挡块，汽车驶离检测台。

（9）切断检测台电源。

3. 车速表指示误差检测时的注意事项

（1）超过车速表检测台允许轴重的汽车，一律不准驶上检测台进行检测。

（2）对于驱动型车速表检测台，要注意滚筒所能驱动的车轮负荷，严禁超载。

（3）对于驱动型车速表检测台，如不用电动机驱动被测车辆的车轮时，一定要注意在检测前用离合器将滚筒与电动机脱开。

（4）对于前轮驱动的汽车，要保持汽车处于直线行驶状态（保持车轮平面与滚筒垂直），然后再加速到检测车速，切忌汽车一驶上车速表检测台就迅速加速。

（5）被测汽车如需连续进行高速试验，为防止轮胎产生驻波的现象，可适当提高轮胎气压。

（6）车速表检测台仪表部分应注意避免受潮或振动。

（7）车速表检测台滚筒表面应保持清洁、干燥，防止泥、水、油污等进入车速表检测台。

（8）严禁在车速表检测台上停放车辆和堆积杂物。

三、车速表指示误差检测结果的分析

车速表经检测出现误差，应及时修复或更换。为消除车速表机件磨损和轮胎磨损形成的指示误差，应借助车速表检测台适时地对车速表进行检验。

模块十 汽车防雨密封性检测

防雨密封性是汽车，尤其是客车和乘用车的重要性能之一。良好的防雨密封性，可保证车厢内干燥、清洁、舒适，使乘坐人员保持良好的心态，并使驾驶员专注驾驶，保证行车安全。汽车防雨密封性的检测设备为人工淋雨装置。

任务1　客车防雨密封性的检测

学习目标

1. 了解客车淋雨装置的结构和要求。
2. 了解客车防雨密封性的术语和定义。
3. 熟悉客车防雨密封性的限值。
4. 掌握客车防雨密封性试验，能对检测结果进行分析。

一、客车淋雨装置的结构

客车淋雨装置为循环过滤系统，主要由水泵、压力自动调节阀、水压表、主管路、分管路、支管路、流量计、流量调节阀、喷嘴、喷嘴架、喷嘴架驱动调整机构及蓄水池等构成。由喷嘴及喷嘴架构成前、后、左、右及顶部5个矩形喷淋面。若淋雨试验涉及带行李舱的客车，还应设置底部矩形喷淋面。各喷嘴与支管路连接。在通向前喷淋面及其他喷淋面的分管路起始端，分别设置流量计和流量调节阀。水泵供水压力设定为（150±10）kPa。水泵的扬程、流量以及管路直径等应满足系统的使用要求。喷淋面为可移动式，以适应车辆外形及尺寸的变化。图 10-1-1 所示为客车淋雨装置的结构示意图。

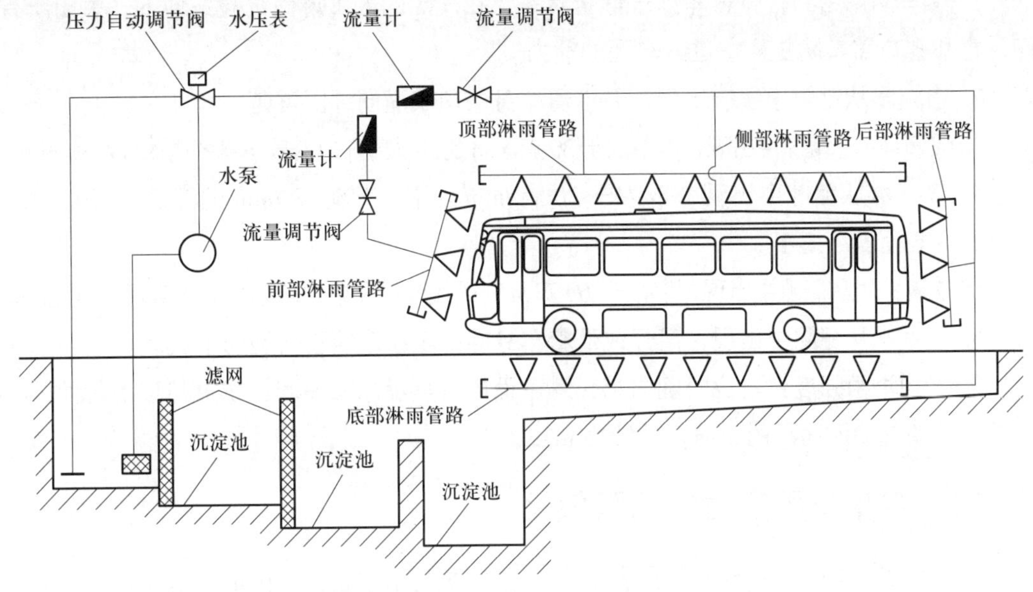

图 10-1-1　客车淋雨装置的结构示意图

二、客车淋雨装置的要求

1. 喷嘴布置及数量的要求

在各喷淋面支管路上均匀安装喷嘴，喷嘴间横向及纵向间距为 0.4 m，喷嘴数量应保证使车身外表面各受检部位均处于淋雨区域内。顶部及底部喷嘴的轴线与车辆水平面垂直，前部及后部喷嘴的轴线与车辆纵向对称面平行，侧面喷嘴的轴线与车辆纵向对称面垂直。喷嘴垂直朝向对应车身。底部的喷嘴位于地面以下 0.2 m，其余喷嘴与车身外表面距离为（0.7 ± 0.2）m。喷嘴出水应均匀且呈 60° 圆锥体形状，喷孔直径为 2.5～3 mm，所有喷嘴的尺寸及内部结构应相同。

2. 淋雨强度的要求

将分管路流量调节阀置于某一开度，启动淋雨装置，将主管路压力调节至规定值，再分别调节分管路流量调节阀开度，使分管路流量计示值分别达到平均淋雨强度的对应值。

对应流量计算公式为：

$$Q=6FN/625 \tag{10-1}$$

式中　Q——对应流量，m^3/h；

F——平均淋雨强度，mm/min；

N——流量计所对应的喷嘴总数。

各喷嘴的喷淋面积按 0.16 m^2 计算。

三、客车防雨密封性的术语

1. 客车防雨密封性：客车处于静止状态，在规定的人工淋雨试验条件下，关闭所有门、窗和孔口盖，防止雨水进入车厢的能力。

2. 渗：水从缝隙中缓慢出现，并沿着车身的内表面向周围漫延。

3. 慢滴：水从缝隙中出现，以不大于 30 滴 /min 的速度离开或沿着车身的内表面断续落下。

4. 滴：水从缝隙中出现，以大于 30 滴 /min 且不大于 60 滴 /min 的速度离开或沿着车身的内表面断续落下。

5. 快滴：水从缝隙中出现，以大于 60 滴 /min 的速度离开或沿着车身的内表面断续落下。

6. 流：水从缝隙中出现，离开或沿着车身的内表面连续不断地向下流淌。

7. 平均淋雨强度：单位时间内某一淋雨面内各喷嘴的总喷水体积量与该淋雨面内各喷嘴对应的总喷淋面积的比值，单位为 mm/min。

四、客车防雨密封性的限值

客车防雨密封性的扣分分值见表 10–1–1；客车防雨密封性的限值标准见表 10–1–2。

表 10–1–1　　客车防雨密封性的扣分分值

渗漏状态	渗	慢滴	滴	快滴	流
扣分分值	每处扣 1 分	每处扣 2 分	每处扣 4 分	每处扣 6 分	每处扣 10 分

表 10–1–2　　客车防雨密封性的限值标准

客车类型		含　义	限值 / 分
小型客车		用于载运乘客，除驾驶员座位外，座位数不超过 16 座的客车	≥94
旅游客车	车长≤9 m	一种为旅游而设计和装备的客车。这种车辆的布置要确保乘客的舒适性，不载运站立的乘客	≥94
	车长 >9 m		≥92
长途客车	车长≤9 m	一种为城市间运输而设计和装备的客车。这种车辆没有专供乘客站立的位置，但在其通道内可载运短途站立的乘客	≥94
	车长 >9 m		≥92
城市客车	车长≤9 m	一种为城市内运输而设计和装备的客车。这种车辆设有座椅及站立乘客的位置，并有足够的空间供频繁停站时乘客上下车走动用	≥92
	车长 >9 m		≥90
其他客车		包括双层客车、铰接客车、无轨电车	≥88

五、客车防雨密封性试验

1. 试验条件

（1）淋雨装置的喷嘴布置及数量应符合要求。

（2）车身前部、侧面、后部及顶部各受检部位均应处于淋雨状态。带行李舱的客车，其行李舱底部也应处于淋雨状态。

（3）车身前部平均淋雨强度为（12 ± 1）mm/min，车身侧面、后部、顶部及底部平均淋雨强度为（8 ± 1）mm/min。

2. 试验方法

（1）将受检车辆停放在淋雨场地内的指定位置。

（2）试验人员进入车厢，关闭车上所有的门、窗及孔口盖。

（3）启动淋雨设备，待淋雨状态稳定后开始试验，试验时间为 15 min。

（4）试验开始后 5 min，试验人员观察并记录车厢内各部位的渗漏情况。若渗漏部位有内护板遮挡，应将该部位内护板拆除。对渗漏状态无法确定的，可用适当大小的矩形金属薄板紧贴渗漏部位，与铅垂面呈 45° 向下，将渗漏的雨水引流，以雨水离开薄板的状态判别渗漏情况。

（5）对于带行李舱的客车，试验人员应在试验结束后，擦净行李舱门接缝处的积水，打开行李舱门，观察并记录行李舱内部的渗漏情况，行李舱底板如有水迹，每处均按慢滴处理。

（6）记录车辆渗漏情况。

3. 检测结果分析

试验数据处理采用扣分法，初始分值为 100 分，每出现一处渗扣 1 分，每出现一处慢滴扣 2 分，每出现一处滴扣 4 分，每出现一处快滴扣 6 分，每出现一处流扣 10 分，初始分值减去全部扣分值，如出现负数则按零分计，实得分值即为试验结果。

任务 2　乘用车防雨密封性的检测

学习目标

1. 了解乘用车淋雨检测线的组成。
2. 熟悉乘用车防雨密封性的试验条件。
3. 掌握乘用车防雨密封性的检测和标准。

乘用车的淋雨检测线主要用来模拟自然环境降雨，用来检测乘用车的防雨密封性。每台汽车在组装完成前必须经过防雨密封性检测。

一、乘用车淋雨检测线的组成

乘用车的淋雨检测线是用来检查整车封闭部位的密封性的。它主要由房体、板链式输送线、喷淋系统、淋雨控制系统、热空气吹风系统和防火系统等组成。

1. 房体。房体是一个封闭的检测区域，采用复合墙体结构，内层为镀锌板，外层为彩钢板，中间填充隔音材料。墙体的侧面一般都开设多个玻璃小窗，便于观察淋雨房里汽车的淋雨状态。

2. 板链式输送线。将停靠在板链上的车辆输送到淋雨房进行防雨密封性检测。

3. 喷淋系统。喷淋系统由淋雨检测区和污水处理区两部分组成。

淋雨检测区产生模拟的人工降雨。水由水泵从吸水池中吸出，对车辆喷淋后，污水再回到回水池进行多级沉淀、过滤处理，处理后的水可再循环利用。

4. 淋雨控制系统。淋雨控制系统可以通过阀门和变频器控制调整雨量，系统调节稳定可靠，抗干扰能力强。同时，该系统还能对淋雨相关设备实施监控，如设备出现故障就会自动报警。

5. 热空气吹风系统。汽车在进入下道工序检测时，必须保证车身清洁。车辆喷淋后要对车身上的水进行吹干。吹干有冷风和热风两种形式。采用热风吹干方式的，是通过燃烧天然气提供热能的方式实现。

6. 防火系统。安装在天然气燃烧器周围预防火灾的发生。

二、乘用车防雨密封性的试验条件

1. 管道压力：160 ~ 280 kPa、260 ~ 420 kPa。
2. 淋雨时间：$T \geqslant 5$ min。
3. 淋雨强度见表 10–2–1。
4. 管道流量：$Q \geqslant 110\ m^3/h$。

表 10–2–1 淋雨强度

淋雨部位	淋雨强度 /（mm/min）
前部	8 ~ 10
侧面、后部、顶部	4 ~ 6
底部	6 ~ 8

三、乘用车防雨密封性的检测

1. 喷射压力的测定

（1）管路系统中已设置压力自动调节阀的淋雨设备，只需定期进行压力检定，而试验前喷嘴喷射压力无需再测定。

（2）管路系统中未设置压力自动调节阀的淋雨设备，试验前应进行喷嘴喷射压力的测定，其方法是在任意一个喷嘴口处，用橡胶软管连接喷嘴与水压表，调节压力调节阀使喷射压力达到规定值。

2. 防雨密封性检测的步骤

（1）将受检车辆停放在淋雨检测线进行淋雨试验。

（2）保证关闭好全部门、窗及孔口盖。

（3）淋雨 5 min 后，开始观察车辆渗漏水情况。

（4）检查车灯、行李舱、车门、驾驶舱等部位，确定漏水状况。

（5）记录检查结果。

四、乘用车防雨密封性检测的标准

1. 车辆不允许出现渗、滴、流的现象。

2. 车灯不允许出现进水的现象。若车灯内有雾气，但雾气可在开灯 60 min 内消失，可认定合格，否则不合格。